Udo Pini

Das Gourmet Quiz

Ein Menu Surprise
in 365
genüsslichen
Gängen

Edition
Fackelträger

Fackelträger Verlag GmbH, Köln

Autor: Udo Pini
Produktion:
Redaktionsbüro Udo Pini,
Hamburg (Projektleitung,
Text- und Bildredaktion:
Nicola Kossel;
Text- und Bilddokumentation:
Kathrin Stautmeister)

Konzeption: Udo Pini,
Nicola Kossel (Mitarbeit)
Gesamtgestaltung, Titel:
Lutz Jahrmarkt, Fahrenholz
Layout: Peter Dwertmann,
Sebastian D. Rico,
Wentorf bei Hamburg
Titel-Illustration:
Jules Stauber, Nürnberg

Printed in China

ISBN 978-3-7716-4354-6

www.fackeltraeger-verlag.de

KENNEN SIE SICH AUS IN DER WELT DER KULINARIK UND HABEN SIE APPETIT AUF VERBLÜFFENDE ENTDECKUNGEN?

Vorgeschmack

Solche Denkerpose à la Rodin steht Köchen wie Gourmets, denn ihre kulinarische Welt steckt voller raffinierter Rätsel und köstlicher Antworten. Seit Jahren schon sind sie Thema in der »Gourmet Quiz«-Kolumne von Udo Pini in Deutschlands ältestem Food-Magazin, in »essen & trinken«. Für diesen Band wurden die interessantesten Quiz-Fragen mit vielen unveröffentlichten versammelt und dazu komplett neu illustriert. Genießen Sie so 365 Mal Kenner-Kulinarik, Feinschmecker-Anekdoten und Quiz-Witz. Lassen Sie sich von Multiple-Choice-Antworten bluffen – oder auch nicht! Testen Sie sich und Gourmets im Freundeskreis und bereichern Sie mal Tischgespräche wie nebenbei mit einem Löffelchen Besser-esser-wisserei …

THERE IS NO LOVE SINCERER THAN THE LOVE OF FOOD

G. B. Shaw

Wie heisst der in Gourmetkreisen ja durchaus anerkannte Kennerbauch?

5

Rundherausstolz

In einem Punkte sind Gourmets mit sich nachsichtig: dem Bauch. Mit ihm setzen sie alle Diätregelwerke außer Kraft, lesen bei Ludwig Thoma, dass ihre Hervorragendheit »knospend«, und bei Gutzkow, dass sie »behaglich« sei. Leibesfülle als Füllungsfolge kam inzwischen in Verruf, dabei hatte der Bauch als »Wohlbeleibtheit« auch bei uns mal einen guten französischen Ruf als …

Kugelrunde Ansichtssache: Gourmets belehren gern, dass es sich lebenslang lohne, den Bauch zu verwöhnen

point pointu **A**

ventre-à-point **B**

embonpoint **C**

Wovon waren die alten Römer schon so selig trunken?

6

Gaumenkitzelei

Die alten Römer hatten vor allem eine Genusslage: Liegen. Sie schlemmten hingelagert rund ums *triclinium*, die klassische Drei-Bett-Konstellation, sie übertrafen einander mit den raffiniertesten Rezepten, naschten an und mit den gleichberechtigten Römerinnen um die Wette und hatten notfalls das Mittel des federleichten Gaumenkitzelns für neue Gaumenkitzel bis zum Erbrechen … Und am Ende waren sie trunken vom *mulsum*. Das *mulsum* gehörte nun mal dazu und schmeckt auch heute noch als …

A Dattelkir

B Honigwein

C Feigensud

Bildhafter Neid im 19. Jahrhundert: Nichts Genießbares war den alten Römern fremd, schon gar nicht Wein und Weib

Wonach sind die Koreaner kulinarisch geradezu süchtig?

7

Suchtmittel

Auch in Korea geht die Liebe durch den Magen, sie kommt aber viel kausaler aus dem Tontopf. Eine liebenswert begabte Koreanerin kennt mindestens ein Dutzend Rezepte, wie sie ihr Irdenes mit Vegetarischem höchst persönlich füllt. Es gibt hunderte Zubereitungen für zerkleinertes Gemüse und zerstampfte scharfe Gewürze, die zusammen im Tongefäß gären, ruhen, nach Retromanier vergraben reifen oder im modernen Spezialkühlschrank verführerisch werden. Was da so vitaminreich und vielfarbig entsteht, das erste Nationalgericht zu Reis wurde und im Idealfall eine Sünde wert wäre, ist …

Kimchi A

Nasim B

Kingi C

Überraschend höllisch scharf: Jede koreanische Hausfrau hat ein anderes Rezept dafür

WIE LÄSST SICH FISCHGERUCH BANNEN, SELBST WENN ER GERADEZU BEISSEND WIRKT?

8

Fischluft

Ganz alte Nasenweisheit: Wassergetier, das riecht, macht seinen Zersetzungsgrad gerade ruchbar

Unmittelbar nach dem Fang riecht und schmeckt jeder Meeresbewohner neutral, aber seine Aminosäuren werden schnell durch Bakterienbesiedlung zu biogen leichtflüchtigen Aminen, deren aufdringlichstes das Methylamin ist – nur ungern nennt man es auch »Verwesungsamin«. Durch Braten dampft es rasch ab und verbreitet sich als Fischbratküchenluft ganz besonders penetrant. Kenner und Köche neutralisieren diesen »Fischgeruch« gewaltsam mit Essig, was die freien Amine in nicht riechbare Salze umwandelt. Doch behutsamer und delikater geht das mit …

- **A Salzsäuresud**
- **B Zuckerlösung**
- **C Zitronensaft**

Welcher Leibkoch entleibte sich einst aus logistischer Beschämung?

9

Abgang

Der große Ehrenmann der französischen Kochkunst ist immer noch ein Schweizer: Fritz Karl Watel, für Franzosen *Vatel*. Er war Küchen- und Eventmanager bei dem Finanzier Fouquet und später auf Schloss Chantilly, wo er seinem Herrn 1671 für 3000 Jagdgesellschafts-Gäste von Louis XIV. ein Dreitagesfest zu organisieren hatte. Das Feuerwerk aber versagte, das Gebratene, es reichte nicht für alle, und die Fischemengen für den Freitag waren auch überfällig. Vatel jammerte, er würde die Schande niemals überleben und entleibte sich mit seinem Degen. Diesen ehrbewussten Vatel verkörperte anno 2000 im Film und kongenial …

Louis de Funès A

Gérard Depardieu B

Mario Adorf C

Tafelrespekt: Vor dem König gab es schon mal Versagensangst

Wann wird Garam Masala bestenfalls an ein Gericht gegeben?

10

Würzweisheit

Individuell zusammengestellte Curries sind ein beherrschendes Gewürz, weil sie schon vor allen anderen Zutaten in den Topf müssen. Anders beim Garam Masala, der Gewürzmischung aus vorgeröstetem, gemahlenem Vielerlei wie Koriander, Kreuzkümmel, aus Kardamom, Zimt, Nelken, Pfeffer etc. Dieses Würzpulver wird nämlich erst an ein Gericht gegeben …

Der Mix macht's: Kenner wissen, wann und wie lange die Würze Wunder wirken darf

A am Ende der Kochzeit

B in der Abkühlphase

C spät am Tisch

Welche kulinarische Koryphäe heisst ausgerechnet wie die Fastenzeit?

11

Nomenomen

Wenn Hunger der beste Koch ist, dann wäre *Monsieur Faim* (»Herr Hunger« also) der berühmteste. Am bekanntesten und gerühmtesten aber ist jener, der die Haute Cuisine revolutionierte und ausgerechnet so heißt wie die französische Fastenzeit. Das mag ihn beflügelt haben, den Kochkünstler, Tafeldekorateur, Genusswissenschaftler und Kochbuchautor namens …

Bocuse A

Escoffier B

Carême C

Große Köche haben sich einen Namen gemacht: Manche tragen aber auch einen bedeutungsschweren

Wie heisst eine vorbeugende Massnahme, die bei mancherlei Fingerfood Not tut?

12

Fleckenfalle

Die einen schlürfen dabei, die anderen fluchen leise, aber jeder aufrechte Mensch hat ein Problem, wenn es kurz vorm oder gar beim freihändigen Reinbeißen in eine Leckerei rieselt, krümelt, kleckert oder tropft. Das jähe Verneigen ist dann die typische Partyhaltung, die schon pantomimisch von Missgeschick zeugt. Gastronomen und erfahrene Partygänger nennen dieses Vorbeugen zur Vorbeugung denn auch passend nach dem Hauptschuldigen …

Tropfgefahr: Wo Fingerfood Kleckerkummer macht wie beispielsweise beim Austernschlürfen, hilft Vorbeugen durch Vorbeugung

A Dönerbeuge

B Pfirsichstellung

C Chipsgymnastik

Was liefern uns Sojabohnen, wenn sie als solche nicht mehr wiederzuerkennen sind?

13

Eiweißweisheit

Sojaeiweiß ist geduldig. Früher ließ es sich mit Säuren und Laugen traktieren, zu Fäden ausziehen und dann zu kleinen Packen verspinnen. Moderner wird der gewürzte Sojamehlteig »extrudiert«, also unter Wasserdampfdruck gesetzt und nach Entspannungsverdampfung zur bekannten luftbläschenreichen Masse. Dieses höchst vielseitig zu verwendende Soja-Erzeugnis kaufen Genießer wie Fleischvermeider als »TVP«, was bedeutet …

Textured Vegetable Protein A

Transformiertes Veganes Produkt B

Typisiert Voluminierte Protease C

Ersatzprodukt: Eiweiß tierischen Ursprungs mögen manche gar nicht, aber bei solchem aus Soja sagen sie: »So ja!«

Wer kochte sich als Newcomer an allen alten Drei-Sterne-Hasen vorbei?

14

Sternstunde

Höchste Ehre: Das Michelin Männchen kann Könner in den Drei-Sterne-Himmel heben

Sterne sinken und steigen – auch im »Michelin Führer«. 1990 aber gab es einen kometenhaften Aufstieg zu bejubeln: Das Restaurant »Louis XV.« im »Hôtel de Paris«, dem von Monte Carlo, bekam seinen dritten Stern. Diese höchst seltene Anerkennung galt da dem jüngsten jemals so und überhaupt ausgezeichneten *chef* namens …

A Michel Guérard

B Alain Ducasse

C Christian Willer

Womit sind die Finnen auf den ganz besonderen Wurstgeschmack gekommen?

15

Grilliliebe

Die Finnen haben ein von ihnen selbst so getauftes »Nationalgemüse«, das kein Vegetarier probieren würde: *Makkara*, die Bockwurst, oder speziell *mustamakkara*, eine Blutwurst mit Schweinefleisch und Roggenschrot, ursprünglich eine Spezialität aus Tampere. *Makkaras* werden in geselliger Runde auf den *grilli* gelegt, wo immer es geht, oder aus der Papiertüte mit Senf (*sinappi*) oder Ketchup (*ketsuppi*) genossen. Und sie haben umständehalber den ganz typischen Spitznamen …

Bissige Lust: Suomi hat eine ganz besondere Wurstliebe zum Nationalgemüse

Saunawurst **A**

Finnzapfen **B**

Plockpelle **C**

Was gilt denn in der türkischen Küche als einschlägigste Erfindung der Blätterteigkunst?

16

Füllehülle

Viele Nationen waren in ihrer Küche locker und reduziert genug, um den schlichten, treibmittel- und hefefreien Teig zu erfinden, der sich extrem strecken und mehrfach falten lässt. Im Vergleich zu der Umbackungshülle »Schlafrock« ist er sozusagen Kochs seidener Morgenmantel und durch türkisches Geschick zur schönsten frittierten Hülle leckerster Füllungen und zu klassischen Böreks geworden. Dieser spezielle, sehr vielseitige Dünnteig heißt …

Verhüllung: Ein sehr simpler Teig wurde zum kulinarischen Schleier für allerschönste türkische Ausgebackenheiten

A Helva

B Lokma

C Yufka

Auf welches exklusive Wildfedervieh fliegen von jeher Schotten wie Briten?

17

Fußpelz

Der komische Vogel, der vor 7000 Jahren durch Großbritanniens Inselbildung vom eiszeitbefreiten Kontinent abgeschnitten war, wurde »schottischer Hasenfüßer« getauft, weil er sich für kaledonische Schneeperioden bis in die Krallenspitze federbepelzt. Die Delikatesse wird ab dem 12. August (als »the glorious 12th« zugleich Parlamentsferienanfang) geschossen und serviert. Bestgereift bis zum oft dramatischen Hautgout steht das Tier auf exklusiveren Speisekarten als …

Eiszeitrelikt: Der Verwandte von Turkey, Fasan und Huhn brachte Schotten wie Briten auf den Federwildgeschmack

Scotch grouse A

Tartan bird B

Highland fowl C

Womit verdienen Belgiens Trappisten Anerkennung und ganz weltliches Trink-Geld?

18

Unschuldsengel

A Geneverdestillieren

B Bierbrauen

C Cidrebrennen

Hinweis an der Wand: Hier frommt unterm Kreuz Gottes Hilfe sogar mal dem Alkohol

Belgiens Mönche sind nur ihrer Frömmigkeit und dem stillen Handwerk ergeben. In ihren kleinen, feinen Trappistenorden haben sie sich seit langem dem Eigenunterhalt der früher nichtlukrativen Herstellung berauschender Produkte gewidmet. Gegen ihre Nachahmer haben sie diesem hochprozentigen wie exklusiven Klostertreiben sogar eine eigene Gütemarke verliehen. Die Trappisten sind eben bekannt für ihr gekonntes …

Was ist so nasenpenetrant, dass es als königlich und verrucht zugleich gilt?

19

Stinksüß

Eine sogerühmte »Königin der Früchte« darf so ziemlich alles. Frischest vom Zibetbaum schmeckt sie mandelvanillinig verzwiebelt, sherryzwiebelig frischkäsehaft oder undefinierbarst köstlich irritierend. Ausgereift sowie überreif duften die Stachelkugeln derart penetrant, dass in Fernost oft die Mitnahme in Taxis oder Hotels verboten ist: terpentinige Fauleier oder alte Socken sind noch harmlosere Aromenbeschreibungen der Schale. Extrem lecker aber bleibt das Innere dieser fast kopfgroßen Frucht, der …

Odeure A

Mangostane B

Durian C

**In Taxis verboten:
Diese Exotenfrucht schützt ihr hoch aromatisches Inneresmit völlig verstunkenem Äußeren**

Wer ist für Walterspiel der Vielsaitigste beim Konzert der Küchenbrigade?

20

Orchesterstar

Vielen Köchen gelingt manchmal doch der Brei: Einer weiß auch sehr genau, dass er dann dabei die erste Geige spielt

In der Profiküche haben »Stationen« ihren sinnvollen Ausbildungs- und Prestigewert, die Hierarchie ist altmodisch, streng und unverzichtbar. Aber einer weiß, dass er »das Zünglein an der Waage« ist, schreibt Restaurateur und Hotelier Karl Th. Walterspiel in seinen Erinnerungen. Im Orchester der Küche sei dieser doch »der Erste Geiger«, von dessen Sicherheit und Geschmack hänge ja der gute Ruf des Restaurants ab. Dass dieser nie wasserbaden gehen möge, dafür sorge der …

A Saucier

B Pâtisseur

C Sorbetier

WIEVIELE ZUBEREITUNGEN BEHERRSCHTEN EINST MEISTERKÖCHE, WENN ES REN GAB?

21

Magenmöger

Obwohl sich die Hirschpirsch erübrigt, ist Rentierfleisch kein Renner, schon gar nicht seit Tschernobyl. Dabei haben die Keulen, auch als luftgetrockneter Schinken, besten Ruf, die Steaks sind nordische Klassiker, Zunge (mit Moltebeeren) oder Rückenmark gehören ins Gourmetmetier. Ja, allerköstlichst soll für Folkloreschlemmer nachträglich vergorener Speisebrei des Magens sein. Um 1900 versammelte die Enzyklopädie »Meisterwerk der Speisen und Getränke« an verschiedenen »Renntier«-Rezepten …

Hochgenuss im hohen Finnland: Der nördlichste Schinken stammt immer vom Ren

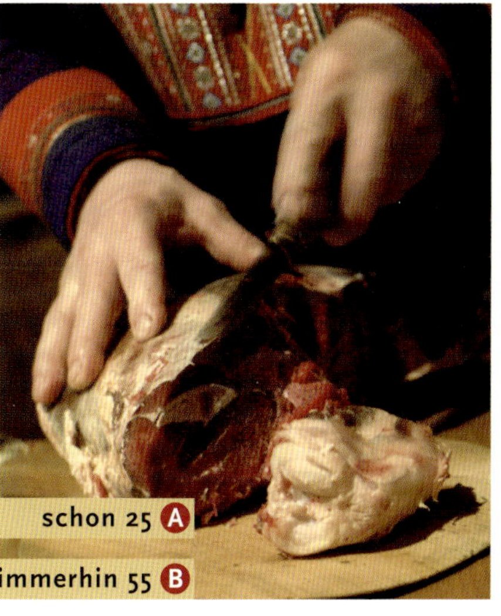

schon 25 **A**

immerhin 55 **B**

sogar 75 **C**

ÜBER WELCHEN FISCH LÄSTERN DIE ITALIENER UND SCHNALZEN GLEICHZEITIG MIT DER ZUNGE?

22

Unschönheitspreis

Manchmal ist es besser, der Koch präsentiert den frischen Fisch nicht vor seiner Zubereitung, dann nämlich, wenn es ein »Roter Drachenkopf« oder ein »Drachenfisch« ist. Das Naturdesign amüsiert Japaner, in der Wange des Drachenkopfs suchen Gourmets das höchst delikate »Königsstück«. Europäern aber gilt der Fisch als derart pittoresk unschön, dass er sozusagen unbesehen in die Suppe wandert, wo er in der echten Bouillabaisse (als *rascasse rouge*) in seinem zweitwichtigsten Element ist. In der Umgangssprache italienischer Fischer und Köche heißt der grätenreiche Rote allerdings nur *scorfano*, übersetzt also …

A Goldgesicht

B einer von Korfu

C hässlicher Mensch

Japaner sind Fischästheten: Einer der unansehnlichsten Fänge würde diesen schönen Marktstand glatt zur Attraktion machen

WAS VERBIRGT SICH DENN WIRKLICH HINTER EINER SCHEINBUTTER AUS DER GASCOGNE?

23

Butterblufferei

Wo alles in Butter ist, bleibt am substanziellen Grundprodukt aus Eutern nichts zu zweifeln. Unter den vielen Variationen von Anchovis- bis zur schwarzen Butter gibt es jedoch eine, die kulinarisch nach der Gegend in Süd-Aquitanien benannt ist. Diese *beurre de Gascogne* heißt *beurre*, ohne ein Gramm *beurre* zu enthalten; vielmehr besteht die überall beliebte Zugabe zu Grillfleisch und zu Kochgemüsen stets aus …

Echter Erklärungsbedarf: Auch eine unechte Butter kann ein echter Genuss sein

Pfefferavocadomousse A

Knofellammfett B

Reibkäsemayonnaise C

WOHINEIN TAUCHEN NICHT NUR PIEMONTESEN IHR ROHGEMÜSE ZUR VERLECKERUNG?

24

Diptop

Nichts wird je so heiß gegessen, wie es mal gekocht wurde. Deshalb ist das so übersetzbare »heiße Bad« in Italien oder Südfrankreich auch eher nur eine »warme Suppe« mit viel Knofel, Sardellen, gutem Öl und Butter, in das rohes Gemüse zu dippen ein Genuss ist. Diese piemontesische Spezialität wird gerühmt als …

A tunca garlica

B dipo aglioso

C bagna cauda

Dippologie: Italiens Regionen sind stolz auf ihre überregional anerkannten Rezepte

WOMIT SUPPENKASPERT
UNSER KÖRPER AUTOMATISCH ZWISCHEN
ZUVIEL UND ZUWENIG?

25

Tagesjojo

Ja, ja, auch wenn wir nicht zu- oder abnehmen wollen, tun wir es täglich durch unsere Nahrungsaufnahme. Im Normalfall sinkt der Appetit

auf Hunger- und Durstniveau oder stößt an seine Sättigungsgrenzen. Zwischen diesen Rhythmen verbrennen und verdauen wir. Jeder Magen ist ja mit anderen Mengen zufrieden, aber ohne Diätprogramme und Ausnahmeschlemmereien balancieren wir unter gesunden Umständen unser Körpergewicht täglich aus. Wir nehmen dabei, flüssig wie fest, durchschnittlich auf …

Schluckologie: Was wir täglich zu uns nehmen, bewegt sich in ganz bestimmten Grenzen – normalerweise

1/40 des Körpergewichts **A**

1/50 des Körpergewichts **B**

1/100 des Körpergewichts **C**

Welch typisches Merkmal einer Dienstleistungsgesellschaft war in China lange verpönt?

26

Küchenpolitik

Dass Genuss, Geld und die Kultur oft genug zusammenhängen, bewies die chinesische Führung schon anno 1949. Was damals im Rahmen der »Kulturrevolution« verboten wurde, waren übersetzt bloß »kleine Kosten«. Wer beim Geben oder Nehmen erwischt wurde, riskierte Ächtung oder musste gar öffentlich Selbstkritik üben. »Xiaofei«, die kleinen Kosten, sind aber seit etlichen Jahren wieder im Alltagsleben geduldet als …

Obendrauf: Was mal eine Frage der Ehre und Politik war, ist heute gesellschaftsfähig

A Trinkgeld

B Bestechungsgeld

C Prozentgewährung

Mit welchem Trick geben Köche Krebstieren ihren angestammten Beigeschmack zurück?

27

Meersalztod

Auch das schlichte Krustentier-Pläsier lässt sich für die verwöhnte *lobster*-Lobby und den legeren Langusten-Gusto noch steigern. Nach dem althamburgischen Hummer-Rezept der altlegendären »Cölln«-Austernstuben kommen die ozeanischen Tiere aus dem Süßwasserbecken durch Meersalz im Kochwasser allerletztlich wieder in ihr aromatisches Urelement. Die Methode ist köstlich überzeugend und heißt wie bei allen Krustentieren aus der Court-bouillon …

marin A

à la nage B

sel la vie C

Innendrin: Hummer aus dem Süßwasserbecken sterben dennoch einen salzigen Zubereitungstod

WELCHES STÜCK WELTLITERATUR STAND BEI EINER COFFEE-SHOP-KETTE NAMENTLICH PATE?

28

Kaffeespur

Literarisch: »Starbucks« serviert seinen beleseneren Kaffeekunden namentlich ein ganz und gar verblüffendes Déjà-lit

Der offenbare Siegeszug der postmodernen Cafés oder »Coffee shops«, der schon die Existenz von Kneipen, Bistros und Pubs bedroht, scheint unaufhaltsam. Am expansivsten verkürzt die US-Kette »Starbucks« die Kaffeedurststrecke zum nächsten Automaten und schmeichelt mit ihrem Namen allen Belesenen, die einen *first mate* und einen Coffeefan wiedererkennen aus …

A Star Trek

B Gullivers Reisen

C Moby Dick

Was wünschte der Vicomte de Chateaubriand sich als Beilage zum extradicken Steak?

29

Schlemmerscheibe

Wie man es auch schreibt, mit »d« nach dem Vicomte oder mit »t« nach der Stadt in Loire/Atlantique – mit einem Chateaubriand kommt ein extradickes Stück Filet als »französisches Beefsteak« auf den Tisch. Der publizierende Politiker Vicomte de Chateaubriand (1768–1848) kannte England aus seinen Exiljahren und hatte ja schon 1811 (unverbürgt) oder erst 1856 (ersterwähnt) seinen *chef* Montmireil stets um britendicke Sirloinscheiben gebeten. Dazu gehören traditionell bis heute …

Es kam dicke: Chateaubriand bestand auf den extrastarken Filet-Tranchen und seinen Extrakartoffeln

Château-Kartoffeln A

Brochettes à la Briand B

Chou Montmireil C

WODURCH VERDIENT KALTES WASSER IN DER KÜCHE EIN EIGENES FACHWORT?

30

Wasserkur

Überguss: Auch für das Tränken und Übergießen gibt es ein küchenfranzösisches Fachwort

Was in kaltes Wasser eingelegt ist, ob frisches Gemüse oder Getrocknetes, wird rehydriert, Stockfisch wird so entsalzt, penetranter Nierengeschmack fortgespült. Vieles, was kalt gewaschen wurde, kann in Kaltwasser auch kurzfristig konserviert bleiben. Für das eintauchende Wässern gibt es einen Begriff, der sogar für das Übergießen von Röstbrot durch eine Bouillon, das Tränken von Pâtisserie mit Alkohol oder Sirups und auch für Weinverdünnung gilt, nämlich …

A baigner/wäscheln

B immerger/immergen

C tremper/trempieren

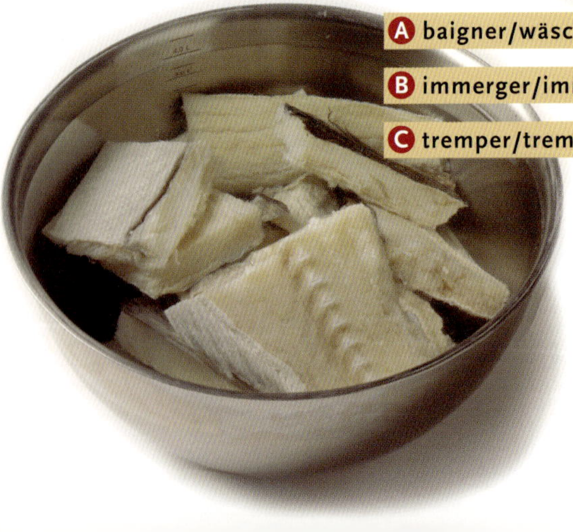

WER LIESS 1971 DIE DAMALS ANGESEHENSTE KÜCHE SAMT PERSONAL MAL EBEN EINFLIEGEN?

31

Flugmenü

Anno 1971 richtete der Pariser Caterer Potel & Chavot ein Gala-Bankett für 600 Gäste aus. Dazu ließ er im Charter-Jet 150 Maîtres d'hôtel zum Dirigieren von 1000 schweizerischen und italienischen Kellnern einschweben. Alle servierten Köstlichkeiten wurden ebenfalls eingeflogen und kamen aus dem Pariser »Maxim's«. Immerhin feierte ein Land seine zweieinhalb Millennien, vertreten durch das Staatsoberhaupt namens …

Schah von Persien A

Konstantin von Griechenland B

Faruk von Ägypten C

Snobkultur: Als Events noch nicht so hießen, hat »Maxim's« sie schon internationalisiert

WER LOBTE DEN INGWER SCHON IM MITTELALTER ÜBER DEN GRÜNEN KLEE?

Wunderwurzel

Ein Mittelalter-Mittelchen: So originell wie seine Knolligkeit sollte Ingwers Wirkung sein

Ingwer wirkt Wunder. Das hatte schon anno 1556 jemand vorausgesehen, der eigentlich nicht für Rezeptbücher bekannt ist. Er empfahl in seinem »Ausgezeichneten überaus nützlichen Büchlein« Medizinisches, Mittelchen »zur Verschönerung des Gesichtes« und daneben die Herstellung von Konfitüren »so gut wie in Genua, Venedig oder in der Levante«. Grüner Ingwer aus Mekka in Zuckersirup war seine spezielle Empfehlung; er helfe der Verdauung, sei bestens gegen Altersbeschwerden, Unfruchtbarkeit von Frauen sowie Unstandhaftigkeit der Männer. Jener Autor war kein Geringerer als …

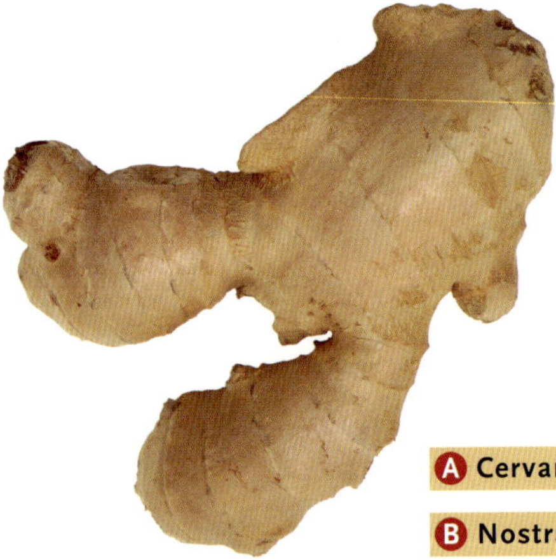

A Cervantes

B Nostradamus

C Hans Sachs

WIE NENNEN DIE BRITEN DAS, WAS MAGENKNURREN VORÜBERGEHEND ABSTELLEN HILFT?

33

Zwischenhunger

Die Süddeutschen vespern, wenn sie ihre Jause machen, die Italiener knabbern morgens zur *merenda* beim ersten Wein gemeinsam eine Kleinigkeit; die Spanier zelebrieren ihre *merienda* eher am Nachmittag und gern mal als Picknick. Der Hunger nach dem Aufstehen oder zwischen den Mahlzeiten verlangt eben nach allererster Stillung eine weitere Besänftigung vor der ersten größeren Mahlzeit. Und die Briten? Die freuen sich in stilvollen Kreisen zwischen *breakfast* und dem nachmittäglichen *high tea* auf selbstgegönnte …

Highnooners A

Breakfastener B

Elevenses C

Inbetween: Besonders feine Britenkreise erfanden sich ein Ritual gegen Magenknurren

Wer erinnerte wöchentliche Küchenrhythmen als Folge von Geruch und Farbe?

34

Seifentage

Duftprägungen: Elternhäusliche Kochrituale stecken manchem lebenslang in der Nase und in den Knochen

Unsere innere Uhr wird manchmal an der Nase herumgeführt, weil wir die festen Fütterungsfolgen aus Kindertagen verinnerlicht haben: Freitags Fisch, sonntags Fleisch und immer dann Kartoffelpuffer, wenn's schnell gehen sollte. Einem großen Dichter ging es nicht anders: »In unseren Stuben riecht es am Donnerstag nach Tomaten, am Sonntag nach Gänsebraten, und jeden Montag ist Wäsche. So sind die Tage: der rote, der fette, der seifige.« Der literarische Naseweise mit seiner Jugenderinnerung war immerhin …

A Rilke

B Böll

C Tucholsky

Was ist es, was der Geschmacksanalytiker Maillard erstmals beschrieb?

35

Versüßbräunung

Trifft mal nur ein wenig Zucker auf nur wenige Proteine oder nur deren Aminosäureanteile, und dieses bei möglichst großer Hitze, wird es lecker. Dann nämlich, so erklärte es der Biochemiker Maillard erstmals 1912, läuft da ein vielstufiger chemischer Prozess ab, der in hunderten höchst aromatischen Stoffen endet. Denen verdanken wir appetitlich Geröstetes, Gebackenes oder Gebratenes durch Hitzebräunung mit der leichten Versüßkrustung der braunen Polymer-Schicht. Noch ist derlei ja nicht zu Ende erforscht, jedoch gerühmt wird sie, diese sogenannte Maillard-…

Duftproduktion: Die Chemie des vielfältigen Wohlgeruchs durch wohltemperiertes Zubereiten wurde schon 1912 enträtselt

…Reduktion **A**

…Reaktion **B**

…Refraktion **C**

WOFÜR MUSS EIN BARKEEPER GAR NICHT ERST ZU DEN ALKOHOLIKA GREIFEN?

36

Shirleyschlucke

Berühmtheiten werden Gerichte und Drinks gewidmet. Kinderstar Shirley Temple, anno 1935 mit sieben Jahren jüngster Academy-Award-Winner, blieb keine Ausnahme: Zum Image der späteren US-Botschafterin in Ghana passte nur ein sauberer Drink aus »Ginger Ale« (oder »Seven-Up«) mit Grenadine (plus Eis und Dekokirschen): der *Shirley Temple* (und nur allerhartnäckigste *bar-flies* machen ihn mit Wodka zu einem *Dirty Shirley*). Solche alkoholfreien Cocktails heißen seit den 1960er Jahren generell …

Cocktail-Teil: Es muss ja nicht immer Alkohol drin sein, aber es muss wenigstens ein süffiger Name dafür her

A Mocktails

B Dogtails

C Shocktails

Wonach jammert bei Shakespeare ein Protagonist, weil welches Finale fehlte?

37

Digestionsdetail

Andere Zeiten – andere Bekömmlichkeiten. In Shakespeares Ära etwa galt etwas als ein Digestionshelfer, das der große Poet sogar in »Troilus und Cressida« den Achilles derart rühmen lässt: »Ei, mein …, mein Verdauungspulver, warum hast du dich seit so mancher Mahlzeit nicht bei mir aufgetischt?« Er nämlich vermisste da …

Kümmelbrot **A**

Käse **B**

Zimt-Cakes **C**

Schon Shakespeare: Er wusste damals bereits, was ein Magenvergnügen schlussendlich braucht

Wie verleibten Franzosen einen subkontinentalen Genuss ihrem Sprachschatz ein?

38

Indientier

Im Mittelalter schmeckte der Vogel den Franzosen noch als »gallina de India«, dann haben sie den indischen Import nationalisiert zum »geline d'Inde«, »poule d'Ynde« oder sogar »coq d'Inde«. Dann beschrieb François Rabelais 1542 in seinem Gourmand-Roman »Gargantua« eine Genüsse-Orgie mit »la poulle d'Inde«, die fortan und bis heute nur noch die »dinde« ist; nichts anderes eben als …

Vogeltaufe: Den Vogel, der anfangs nur indisch kollerte, tauften sich die Franzosen kurzerhand um

A Perlhuhn

B Pfau

C Truthahn

Mit welchem Trick lassen sich Zitrusfrüchte noch effektiver entsaften?

39

Quetschvergnügt

Bis zu sieben Prozent Zitronensäure enthält der Saft, den wir einer Limone entquetschen können, von den Vitaminen ganz abgesehen. Für größere Ergiebigkeit gibt es einen alten Trick, der die Zellwände im Inneren, jenes sogenannte »Albedo«, aufschließt und damit gar die doppelte Menge Saft ergibt. Man muss die Zitrone nur …

kräftig druckwalken **A**

15 Min. heiß wässern **B**

mit 1000 U/Min. schleudern **C**

Bestechung: Neuerdings holt ein Bohrrohr viel Saft heraus, aber es gibt auch eine alte und recht ergiebige Methode

WIE HEISST DAS ZURECHTSTUTZEN
VON GEMÜSEN
AUF GUT KÜCHENLATEIN?

Vermesserung

Weil die Natur nicht auf Größen und der Mensch nicht immer stur auf Handelsklassen achtet, würde manches auf dem Herd unterschiedlich schnell garen. Doch Naturprodukte lassen sich für die Kocheinheitlichkeit oder auch bloß fürs Auge egalisierend zurechtstutzen, in Form schneiden und professionell »abdrehen«. Dann heißt das so schnittige Besäbeln vor allem von Gemüse …

A partieren

B volvieren

C tournieren

Erst die Arbeit, dann das Kochvergnügen: Vorher ist alles Gemüse noch fachgerecht zu putzen

WAS WILL UNS »MILLÉSIME« AUF EINER BOUTEILLE CHAMPAGNER SAGEN?

41

Ausnahmsweise

In der Preisskala nach oben offen: Mit gewisser Bezeichnung ist uns Champagner lieb, aber eben auch teuer

Champagner ist eine Cuvée, ein gekonnter Blend aus Weinen diverser Lagen, Rebsorten und Jahre. Wird in exzellenten Ausnahmejahren doch mal ein reiner Jahrgangschampagner produziert, steht auf dem Etikett *Champagne millésime* samt Jahr und bezieht sich damit ja ursprünglich sowie wortwörtlich auf …

den tausendfachen Kellerwert Ⓐ

ein Millennium-Tausendstel Ⓑ

die Tausend-Flaschen-Abfüllung Ⓒ

An was zelebrieren Japaner ein lebensgefährliches Gourmetritual?

42

Regelausnahme

Die »Food and Drug Administration« wacht sehr gestrenge über alle US-Genüsse, strickt strikte Gesetze und zickt bei Importen. Trotzdem schafften es 25 japanische Restaurantbesitzer mit eigens geschultem Personal im Jahre 1989, eine Aufsehen erregende Ausnahmegenehmigung zu bekommen. Sie importierten und zelebrierten, ja servierten sogar, eng von der Sensationspresse umlagert, ihre …

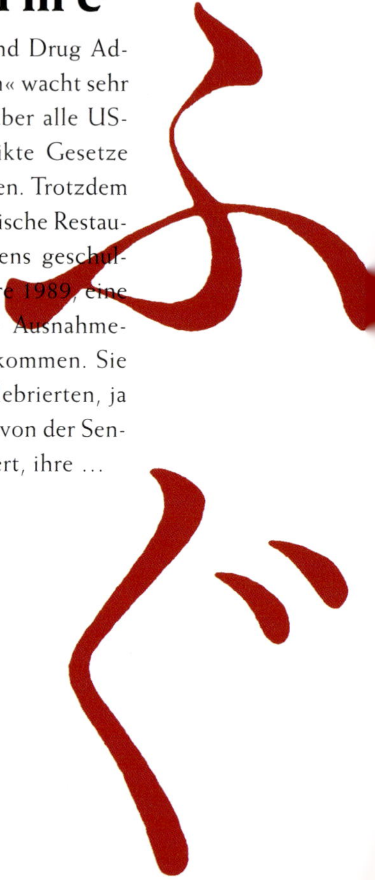

Zwei Zeichen höchster Gefahr und Kunst: Für Japaner eine Verheißung von Genuss und eine Versuchung, Todesmut zu beweisen

- **A** Lebendschlangen
- **B** giftigen Seeigel
- **C** Fugu-Kugelfische

Welches deutsche Küchenwort hat seinen »zerrissenen« Ursprung im alten Sanskrit?

43

Zerrissenheit

Vor zweitausend Jahren entdeckten die alten Inder, dass erst mit der Zerstörung eines Grundstoffes die kulinarische Auferstehung der Inhaltsstoffe beginnen kann. Aus einer Pflanze bereiteten sie sich daher *sarkara* (sanskr. »zerrissene Stückchen«) und wunderten sich bald nicht mehr, dass sich aus dem volkstümlichen *sakkara* bald ein ziemlich globales Nährwertwort ergab – wie auch später unsere deutsche Bezeichnung für …

Ein Wort mit süßem Anklang: Im alten Indien stand es mal für heute ganz vergessene Zerrissenheit

शर्करा

Soja (A)

Sukkade (B)

Zucker (C)

WAS GEHÖRT UNBEDINGT IN EINE KLASSISCHE SCHLOSSSUPPE, DIE DER QUEEN SCHMECKEN MÜSSTE?

44

Blaublutsuppe

Hochwohlgekocht: Was im Küchentrakt auf Schloss Windsor in die Windsorsuppe kommt, ist kein Geheimnis

Eine Windsorsuppe war mal etwas sehr Feines, auch wenn sie eigentlich nur eine leicht mit Stärke gebundene Rinderkraftbrühe zu sein beliebte, was die Hofküche zu bereiten die allerhöchste Obligation hatte. Jedoch in ihrer Aristokratiefe sozusagen hat etwas eher Unerwartetes zu schwimmen, etwas, das kleinwürfeligst geschnitten und so gekocht ja gerade dieserlei Süppchen adelt. Denn in eine Windsorsuppe versenkt zu sein haben nämlich die besondere Ehre …

A Kalbsfüße

B Stubenkükenbrüstchen

C Ferkelzungen

Welches altweltliche Gebäck hat sich in der Neuen Welt verselbständigt?

45

Krümelgefahr

In alten Inns rosten sie an der Wand, auf Flohmärkten tauchen sie immer wieder auf: Pfannkuchenpfannen mit bauchigen Vertiefungen, die *hanging griddles*. Darin wurden süße, hefeteigige *teacakes* gebacken, die in den USA eher als Frühstücks- und Dinnerbissen, oft mit Nüssen oder Beeren darin, Karriere machten. Aus Maismehl gemacht sind sie *slipperdowns*, was mit den echten nie ganz zügig oder nur sprachbehindernd gelang, was denn wohl den niederdeutschen Namen erklärt, nämlich ...

Brownies **A**

Muffins **B**

Bagels **C**

Die guten alten tea-cakes: In den USA machte das Britenbackwerk eine ganz eigene Karriere

Zu welchem provenzalischen Dip wird Stockfisch nach Wässern und Verbessern?

46

Wiederbelebung

Todesstarr und luftgetrocknet ist der Kabeljau »nur« noch ein Stockfisch und bei uns weniger beliebt als in südlicheren Ländern. In Südfrankreich werden die dorschfischigen Fasern als *morue* nur zu gern mit Wasser und Olivenöl regeneriert, zerrührt und so zu einem warmen Dip erster Güte kulinarisiert – zum Apéritif. Das 1788 erstmals belegte provenzalische Wort für »Rührung« steht heute noch auf den Speisekarten als …

A Dorchose

B Remuyenne

C Brandade

Wiederbelebbar: Stockfisch wird nach gründlicher Wässerung zum reinsten Kabeljau

WOBEI DRÜCKEN ENZYME AUS VERLETZTEN ZELLEN GEWALTIG AUF DIE TRÄNENDRÜSE?

47

Nasenalarm

Es ist küchenalltäglich und lästig: Kaum kommen die Enzyme ans Licht, werden Alliinasen aktiv und wandeln Propenylcysteinsulfoxid in Propanthialsulfoid um, das als Gas in die Nase und noch höher aufsteigt. Unsere Sinnessysteme sind alarmiert und reagieren gereizt. Profis wissen und beherzigen das: Mit einem extrascharfen Messer schonend angeschnitten wären all die entscheidenden Zellverletzungen eben kaum passiert beim …

Knoblauchpressen A

Zwiebelschneiden B

Meerrettichraspeln C

Vermeidbar: In der Küche alarmieren gewisse Enzyme heftig unsere Tränendrüsen

WER WEISS, WIE DIE WEISSWURST JENSEITS DER TAGESMITTE SCHMECKT, ABER MITNICHTEN MUNDET?

48

Zutzelzeit

Nach urbayerischem Glaubenssatz und Feinheitsgebot darf eine in der Frühe gefüllte Weißwurscht das Mittagsläuten nicht mehr hören. Sie muss zeitig davor »verveschpert« und als Brotzeit zünftig ausgezutzelt sein. Nach 12 Uhr nämlich gilt sie nur noch als zweite Hungerwahl, weil sie dann schmeckbar besonders irritierend sei und damit fast schon verschmähbar – nämlich …

A letschert

B Preißnfutter

C ausgeweißt

Strenge Rituale: Man sollte wissen, warum Bayern beim Weißwurstzutzeln schon mal in Zeitnot kommen

Wie werden würfelffeinste Genüsse in feinem Küchenfranzösischen genannt?

49

Feinarbeit

Man kann Zutaten hacken, würfeln und salzen und bekommt damit eine Masse, die schon die alten Spanier »Hacksalz« tauften und als Wort an die Franzosen weitergaben. Die mochten das Kleinteilige in ihren Saucen, sogar in Crèmes, vor allem aber für Garnituren und in Farcen. Sie verfeinerten die Mischungen dafür, fanden sie als zusammengesetzte Füllungen von Pastetchen ideal und auf Muschelschalen hoch dekorativ. Derlei aus gebratener Gänseleber, jungem Huhn, gedämpftem Bries mit Hahnenkämmen, Champignons und krebsbutteriger Béchamelsauce bekam schon mal den Beinamen *royal* und ist wie alles Würfelfeine ein klassisches …

Feinschmeckers Feindeutsch: Manchmal ehrt es das Servierte

Seulpiqué A

Selpicante B

Salpicon C

Wie bekam ein Belgier es hin, dass sein Chicorée zu recht nur Weissblatt hiess?

50

Weißblattzucht

Der Genuss ist gerade 170 Jahre alt, weil Monsieur Bresier vom Botanischen Garten zu Brüssel die Entdeckung systematisierte: Das Gemüse gedieh unter exakten Bedingungen prächtig aber farblos. *Witloof* (»Weißblatt«) nannte man deshalb seine Ernte, die alle Feinschmecker schnell begeisterte. Frankreichs Gourmets tauften die seit 1878 in »Les Halles« verkaufte Neuheit *chicon* oder *endive de Bruxelles*, Deutsche gewisse Zeit lang sogar »Brüsseler Spitzen«. Das besondere der Neuzucht ist und bleibt …

Zufallsgemüse: Ein Botaniker hatte mal herumexperimentiert und etwas wer weiß wie Weißes geschaffen

A ständige Berieselung

B Durchzuckerung des Humus

C völlige Lichtlosigkeit

Wie heisst der, der auf allen Küchenposten auf dem Posten sein muss?

51

Küchenhektiker

Wenn Köche voll auf dem Posten sind, ist eine Pfannen- oder Topfflucht undenkbar. Als Saucier, Entremetier, Legumier oder Poissonnier, als Potager, Rôtissier, Pâtissier oder Glacier sind sie wichtige Teile des Gourmetpuzzles, das der sogenannte Annoncier laut ansagt, abruft und beim Verlassen der Küche kontrolliert. Nur einer muss praktisch auf allen Posten alles können und für jeden spezialisierten *chef de partie* notfalls einspringen. So ein »Springer« oder *swing cook* heißt im klassischen Küchenmilieu …

Not am Mann: Fällt in der Küchenbrigade ein Spezialist aus, dann muss ein Alleskönner einspringen

Tournant A

Touteur B

Remplacier C

WELCHES HEUTIGE MASSENPRODUKT WURDE EINST MIT EINEM TRÜFFEL-BEINAMEN GEEHRT?

52

Inkakulinarisch

Weil Trüffel nun mal seit jeher als Nonplus-ultra in der Küche gelten, wurden sie als Wertbegriff gern übertragen, nicht nur auf feinste Pralinen. »Trüffel der Tropen« heißt immer noch die Vanille, »Trüffel der DDR« war in den Mangelzeiten des zweiten deutschen Staates die Ananas, die den überbackenen »Toast Hawaii« so populär machte. Und es gibt jene »Trüffel der Inkas«, längst zum Volksnahrungsmittel demokratisiert und dabei historisch doch gar nichts anderes als …

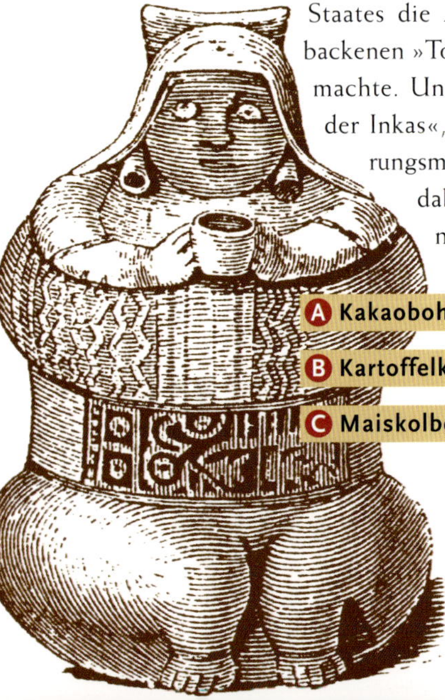

A Kakaobohnen

B Kartoffelknollen

C Maiskolben

Neuweltware: Was verdanken wir kulinarisch nicht alles den alten Inkas!

Was war eigentlich ein Anti-Influenza-Drink und wurde zum Schickeria-Schluck?

53

Grippetrunk

Als die erste große asiatische Grippewelle 1918 weltweit mehr Tote hinterließ als Weltkriegsopfer, war Prophylaxe begehrt. Ein unbekannter brasilianischer Barkeeper in São Paulo aber erhielt sich seine Gäste mit desinfizierendem *cachaça*, stampfte aus einer ganzen Limette die Vitamine hinein und süßte – notgedrungen – mit Rohrzucker. Nach der Stadt Paraty oder nach dem brasilianisch-portugiesischen Ausdruck für den »Landlümmel« oder »Hinterwäldler«, womöglich aber nach beidem bekam der bis heute so beliebte Drink seinen Namen in seiner verniedlichenden Form …

Sauer macht immun: Solche Limetten machten während einer Grippewelle ihre Karriere in einem legendären Drink

- **A** Cachaça
- **B** Daiquirita
- **C** Caipirinha

Wem verdanken viele Fassgenüsse ihre aromatische Genüsslichkeit?

54

Eichengeschenk

Wandwirkung: Mit ganz bestimmtem Molekülkalkül steuern Winzer und Whiskybrenner ihre Fässerwirkung

Dem Eichenholz der Spundwände eines Fasses verdanken wir die Geschmacksveränderungen von alkoholhaltigen Füllungen. Wein wird edler, Whisky charakteristischer, weil mikrochemisch im Austausch von Wand und höherprozentigem Wässrigen ein spezielles Molekül zum Freischwimmer wird. Eben das setzen Mogelwinzer machmal für den schnellen Barriqueeffekt zu, denn das Molekül ist inzwischen identifiziert und seitdem also auch synthetisierbar – es heißt …

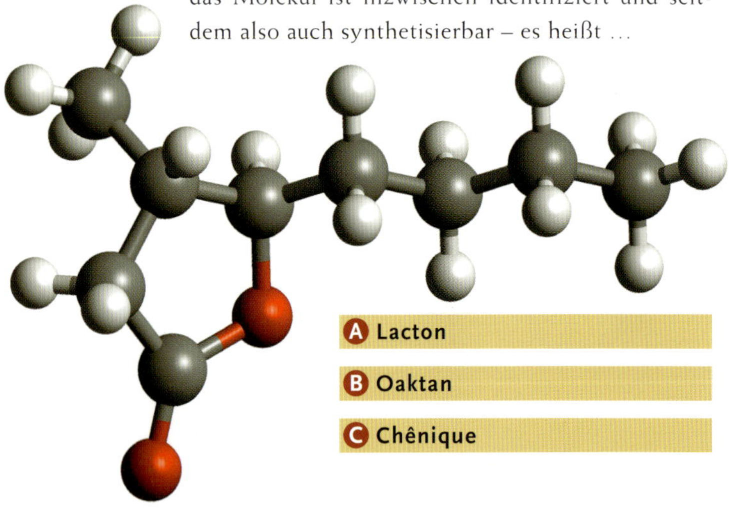

A Lacton

B Oaktan

C Chênique

Welcher Fisch steht mit seinem urnorwegischen Namen auf französischen Speisekarten?

55

Ausnahmefisch

Bis Ende März gibt es auf den Lofoten die »fünfte Jahreszeit«. Dann herrscht voller Ausnahmebetrieb auf Norwegens nördlicher Inselgruppe, denn dann kommt der geschlechtsreife Frühjahrskabeljau aus der kalten Barentsee vor die wasserwärmeren Inseln, um zu laichen. Die Tiere sind dann so riesig und hochdelikat, dass Franzosen ihnen zuliebe schon einen Gourmet-Club gegründet haben. Dieser Kabeljau – norwegisch sonst ein *torsk*, daher unser Dorsch-Wort – heißt als Ausnahmefisch nur »Wanderer«, also …

Wandergast: Wenn auf den Lofoten Dorschalarm herrscht, freut sich ein Gourmet-Club in Frankreich

Väger **A**

Skrei **B**

Gynt **C**

WAS KUGELT SICH IN DER »GUINNESS«-DOSE UND SORGT FÜR SAHNIGEN SCHAUM?

56

Schussecht

Bei einem Guinness-Bier wird die wenige Brauerei-Kohlensäure vom völlig entweichenden Transportgas Stickstoff herausgedrängt, das den sahnigen Schaum *on top* bildet. Deshalb ersetzen manche früher fehlende Kohlensäure durch Cider oder noch lieber durch einen größeren Schuss Sekt. Heute liefert jede »Guinness«-Dose besten Schaum, weil eine kleine Plastikkugel beim Öffnen viel Stickstoff im Bier verwirbelt. Das Trickding heißt …

- **A** floaty
- **B** foamer
- **C** widget

Zuschuss: Ein klassisches sahnesamtiges »Guinness« verdanken Dosenfans dem Kugeltrick

Wer trank denn beim Fremdgehen auch noch einen fremden Muntermacher?

57

Schampussierer

Nichts Genussmenschliches ist Wüstlingen fremd, weil ja die Liebe selbst durch den Magen geht. So soll es ein transpyrenäischer Sexbold mit 1.003 Damen seines Landes »getrieben« und bei diesem spezielleren Hunger als Durstlöscher nur Champagner genossen haben. Womit er zur Freude heutiger Marketing-Franzosen sowie zum Ärger seiner Landsleute gerade die besten *vinos* oder *aperitivos* seiner Heimat ja missachtet haben würde, dieser …

Überschäumend: Womit mal übersprühende Männlichkeit wenigstens den Durst stillte

Olé Cito A

Don Juan B

Tio Pepe C

Als was liegt Kennern ein Fischfond auf der sprachgeschulten Zunge?

58

Duftfülle

Fischfond vom Allerfeinsten: Je reduzierter der Sud, desto dichter die Aromen und verdienter der ganz spezielle Name

A poissonce

B fumet

C piscade

Ein hocharomatischer, vielseitig nützlicher Fischfond, reduziert zum fast sirupartigen Sud aus Gräten, anderen Fischresten, Pilzen, Schalotten etc., hat seine eigentümliche, eben so besonders starke Duftnote und deshalb auch seinen eigenen, blumigen Namen bekommen als …

Welche Beilage zu Roastbeef war 1938 eine Innovation?

59

Beigelegt

Anno 1938 rollte Lawrence L. Frank in seinem »Lawry's The Prime Rib« erstmals das Roastbeef auf einem schweren Servierwagen aus rostfreiem Stahl an den Tisch und säbelte im »Diamond Jim Brady cut« wunschdicke Scheiben vor den Augen des Gastes ab. Dazu gab es einen Yorkshire Pudding und als Neuheit eine Beilage, die damit schnell salonfähig wurde und sich später sogar selbstständig machte – die …

A baked potatoes

B potato skins

C french fries

Selten genug:
Mal eine wirkliche Neuheit
auf der Speisekarte

WELCHER BEGRIFF GALT EINST FÜR ÜBERBORDENDE PRÄSENTATIONSLUST?

Exquisitcuisine

Typisch Carême: Die raffinierte Opulenz seiner Präsentationen lud stets das Auge ein zum Mitschlemmen

Wer in die Kochgeschichte eingehen will, sollte eine einprägsame *cuisine*-Richtung etablieren. Marie Antoine Carême, der ebenso genial kreativ wie auch grandios dekorativ einst sogar für den Wiener Kongress kochte, wurde erstens sowieso und überdies auch noch durch zwei Inbegriffe unsterblich. Seine *art culinaire* begründete die *Grande cuisine*, und seine Präsentationslust die …

A cuisine monumentale

B cuisine phénomenale

C cuisine spectaculaire

Was beschert uns die frühe Frühlingswiese für einen Selbstsammelsalat?

61

Frühsalat

Im Märzen der Bauer noch nicht viel anbieten kann: Er könnte sich immerhin die wilde »Märzente« schießen oder in die Reuse locken, er könnte einen »Märzhecht«, der jetzt seine Laichzeit hat, angeln und müsste den »Märzhasen«, den toll tollenden vom ersten »Satz«, noch schonen. Aber er kann sich einen frischen Salat von Blättern der »Märzblume« bereiten, die man jedoch tunlichst gegen ihre Bitterkeiten blanchiert oder eine Stunde wässert. Vorher heißt es sammeln, und zwar Blätter von der Kuh- oder Eierblume alias …

Frühestens März: Regional kommt ein Salat aus sogenannten »Märzblumen« wieder in Mode

A Narzisse

B Sumpfdotterblume

C Löwenzahn

WAS KANN DEN VIN BEI EINEM COQ AU VIN FÜR MANCHE NOCH ÜBERTRUMPFEN?

62

Uraltrezept

Unter zahllosen Rezepten für ein *coq au vin* sticht das mit der Noilly-Prat-Sauce hervor. Den aromengebenden Apéritif setzte schon anno 1800 ein gewisser Joseph Noilly an und verbesserte ihn von 1843 an gemeinsam mit Claudius Prat: Sanft gepresster Tröpfelwein wird fassgelagert, in der Sonnenhitze reduziert, verschnitten, verkräutert und aufgespritet – *c'est ça*! Deshalb ist ein Noilly Prat genau genommen auch …

Raffinesse: Für einen »coq« der besonderen Art wäre ein Noilly Prat mal ein ganz spezieller »vin«

Rotweinwürzessig A

Weißweinwermut B

Roséreduktion C

Bei wem kann schon das blosse Zuschauen zum Schleudertraum werden?

63

Wirbler

A Pizzaiolo

B Pizzarista

C Pizzarro

Ein guter Pizzaboden sollte kräftig geknetet und portionsweise in der Luft bis zu seiner Solldicke höchst virtuos rundgewirbelt werden. Auch Belag und Backzeit sind eine Kunst, die der Mann am Ofen nach allen klassischen Regeln beherrschen sollte und deren Tradition die *Associazione vera pizza Napoletana* verteidigt. So ein Pizzabäcker trägt immerhin den stolzen Berufsnamen …

Spezialität: Über Machart und Belag der wahren Pizza wird zur Ehre des Berufsstandes sehr gestrenge in Neapel gewacht

Was versenkte denn der Alte Fritz im kolonialen Modegetränk seiner Epoche?

64

Rührgenuss

Zum Kaffee gehört Süßes oder Würziges – hinein oder dazu. Als der Alte Fritz sich noch mit jenem neumodischen Kolonialgetränk zwanghaft tage- sowie nächtelang wach hielt, tat er etwas in seine schwarzbraun gefüllte, dampfende Tasse, das er darin dann zerstampfte und verrührte. So mochte er seinen »Caffe« – mit …

A Kardamomsamen

B Rohrzuckerbrocken

C Pfefferkörnern

Gewisser Witz beim Alten Fritz: Er kam schon auf einen sehr speziellen Kaffeegeschmack

WELCHE FRUCHT BIETET IN IHRER HÜLLE EINE FÜLLE VON SÜSS- UND SAUERAROMEN?

65

Sauersauce

Diese Frucht kommt aus der Neuen Welt, wo sie schon seit etwa 1913 unreif und säuerlich geerntet wird und als *tomatillo* oder *frescadilla* meist Saucen färben und pikant machen soll. Zu uns kam auf Umwegen vor allem die reife Beere mit anschaulichen Namen wie »Andenkirsche« oder »Inkapflaume«. Wie denn auch immer: Die kugelige Pikanterie kennen wir inzwischen auf Desserttellern und vielen Buffets als …

Von Natur aus verpackt: In solchen Blütenkelchhüllen steckt Säuerliches oder Süßes

Chayote A

Physalis B

Pitahaya C

WIE HEISSEN DIE STIELE- WIE STILVOLLEN FRÜCHTCHEN MAL GANZ UNSPANISCH?

66

Kontrastsauer

Eingelegtes: Die spanische Pikanterie zum Drink oder mit Tapas wurde zur populären Fingerfrucht

In Spanien bildet ein Schälchen mit sauren Gurken, eingelegten Paprikaschoten und *alcaparrónes* gern mal den Geschmackskontrast zum Essen. Die olivengroßen Dritten im Sauerbunde sind die *cornichons du caprier* der Franzosen, sie hießen in Deutschland einst nur »spanische Riesenkapern«. Durchgesetzt aber hat sich inzwischen deren süddeutsche Bezeichnung, nämlich …

A Kapples

B Sauerkäppchen

C Kapernäpfel

Welche ursprünglich aristokratische Kreation wurde zum bürgerlichen Leibgericht?

67

Hofküche

Seit Maria Leszynska dem König Ludwig XV. angetraut war, musste die französische Hofküche dem besonderen Geschmack der Königin beispielsweise auch mit Sardellen und Kapern gerecht werden, die dann eine Blätterteigfüllung veredelten. Seitdem lieben auch Bürgerliche die nach der Madame benannte Spezialität alias …

Angeregtes: Die Untertanen kamen gern auf den neuen königlichen Geschmack

Mariatörtchen Ⓐ

Königinpastete Ⓑ

Thronstrudel Ⓒ

Welcher Fromage bekam seine Hommage durch kulinarische Diplomatie Talleyrands?

68

Käseking

Als Europas ranghöchste Diplomaten auf dem Wiener Kongress mit der Neuordnung Europas die politische Restauration einleiteten, betrieben sie selbst im Palais Kaunitz eine leiblabende Restauration zum eigenen Vergnügen. Beim europäischen Käsevergleich erklärte Frankreichs Talleyrand von immerhin 52 internationalen Käsesorten des Buffets unwidersprochen eine dazu eigens aus Frankreich herangeschaffte Spezialität zum heute viel zitierten »König der Käse«, den …

A Camembert aus Camembert bei Vimoutierrs/Orne

B Brie de Meaux aus Estourville bei Villeroy

C Munster fermier aus Munster im Elsass

Kongress-PR: Nur ein einziger »Franzose« rühmt sich seit 1815, damals zum »König der Käse« ausgerufen worden zu sein

WOMIT RETTEN MIT-ESSER EINEN VERZWEIFELTEN FISCH-ESSER AUS HÖCHSTER GRÄTENNOT?

69

Schluckbeschwer

Beim Verschlucken mit Erstickungsgefühl, ganz unüberhörbar durch Sprechversagen, unübersehbar durch blau Anlaufen, Zusammenbrechen, hilft seit 1974 ein einfacher Handgriff durch mehrere kräftige Druckstöße auf das Zwerchfell. Der rückwärtige Umklammerungsgriff mit Faustballung oder der Stoß mit übereinandergelegten Händen auf den liegenden oder schon bewusstlosen Patienten wirkt Wunder gegen Fremdkörper in der Speiseröhre. Der lebensrettende Griff ehrt namentlich seinen US-Erfinder und den Arzt – er heißt …

Gräten-SOS: Mit Fremdhilfe und dann mit Zwerchfellwucht lässt sich die Speiseröhre atemnotfalls befreien

A Heimlich-Griff

B Schlemmer-Schlaufe

C Reynolds-Rettung

Welcher Mister hat die Ehre, eine beliebte Frucht benamt zu haben?

Entdeckerfrüchte

Taufgeschenk: Weil er den von ihm entdeckten Zier- zum Zuchtbaum machte, wurde ein Chemiker unsterblich

Augen auf bei Fernreisen – oder Freundschaften pflegen zu Botanikern, wie es der Chemiker John MacAdam tat. Mit dessen Namen taufte um 1850 sein Freund Dr. Hill im australischen Queensland einen eben entdeckten Zierbaum. Anno 1882 wurden ein paar Bäumchen nach Hawaii verpflanzt und wuchsen sich dort zum heute drittwichtigsten Erntebringer aus. Chemiker John wurde im Namen der Früchte unsterblich, denn sie heißen …

A Macadamia-Nüsse

B Adam's apples

C James-Birnen

WOMIT GRÜNT SO GRÜN, WAS KÖCHE UNBEDINGT GRÜN AUFTISCHEN WOLLEN?

71

Gänsefußfarbe

Wenn am grünen Politbuffet oder bei einer »Petersilienhochzeit« (nach 12,5 Jahren) Nudeln oder Saucen passend gefärbt sein sollen, haben Profis einen Trick. Sie zerstoßen Blätter gewisser Gänsefußgewächse im Mörser oder zerhäckseln sie im Mixer, erhitzen den Kleinkram im Wasserbad und lassen ihn gerinnen. Die gewonnene Dünnschicht oder der nach Filtern oder Sieben farbkörperchenreiche Saft koloriert sehr gut und nennt sich …

Jägerfarbe **A**

Gemüsegrün **B**

Spinatmatte **C**

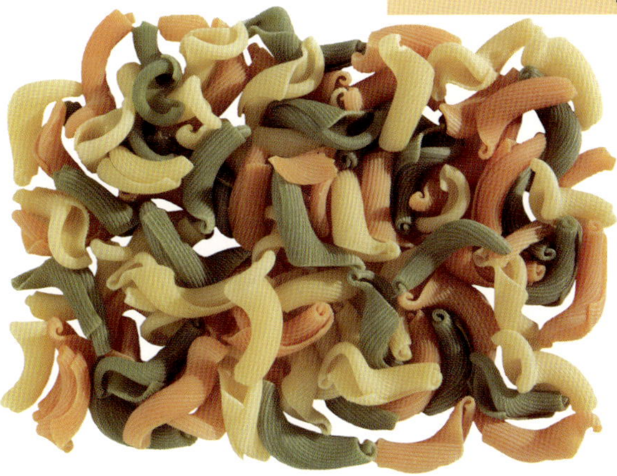

Farbenfreude: Nicht nur die Industrie liefert Färbemittel für solche Nudeln, die Natur tut es auch

Wer oder was kam denn einst mit dem Servicewagen bis an den Tisch gefahren?

72

Küchenlatein

Was für ein Service: Früher wurde man noch mit allerhand merkwürdigen Begriffen bedient

Das wirkliche Küchenlatein ist gottlob aus der Mode gekommen, das Französisch der Haute Cuisine hat die Funktion des Fachchinesischen übernommen. Die Experten bardieren, memorieren, regenieren oder transformieren fachsprachlich vor sich hin. Bis immer mal wieder ein erratisches Wort auftaucht und befremdet. Wenn etwa in der Literatur bis zur letzten Jahrhundertmitte ein Servicewagen als »Omnibus«, wörtlich also »für alle« auftaucht. Der Begriff galt einstens lange auch übertragen für jeden …

Tischläufer A

Rollier B

Hilfskellner C

Womit können Sushi-Fans ihr grünes Wunder erleben?

73

Nipponderabilie

Japaner lieben nicht nur heißeste Bäder, sie heizen auch ihrem Gaumen und Schlund gern höllisch ein. Am leichtesten noch mit dem angerührten Pulver der hierzulande sogenannten Bergstockrose, das je nach pastiger Zubereitung den Atem verschlägt oder gar einen Tränensturz verursacht. Dann heißt derlei Meerrettichverwandtes in Japan bloß noch *namida*, also »Tränen«. Die Schockschärfe teilt sich bei Sushi-Arrangements immerhin durch ihre so grellgrüne Farbe mit und warnt uns damit vor zu viel Sushi-Zugabe von …

A Diablo

B Wasabi

C Fufuga

Welch eine grüne Gemeinheit: Schärfste Schärfe zum Dippen oder versteckt verrollt

Was symbolisiert den Käse, der erst in finsteren Höhlen zur Schimmelschönheit reift?

74

Blauwunder

Grottenhaft: Ein Pilz, der blau macht, ist des Roqueforts offenes, aber unnachahmliches Geheimnis

Nur in jenen edelschimmelreichen Höhlen von Combalou im Süden von Bordeaux kann ein regionaler Schafskäse in einem halben Jahr durch ein höchst spezielles *Penicillum* zum echten blau geäderten Roquefort mit dem unvergleichlichen Aroma heranreifen. Allein anno 2000 lieferten die exklusiven Höhlen den Gourmets in aller Welt 7,2 Millionen einzeln verpackte kreisrunde Roqueforts. Für Kenner sind diese nur echt mit ihrem Roquefort-Logo und dem schönen stilisierten Symbol. Das zeigt …

- **A** ein rotes Schaf
- **B** blau-grüne Berge
- **C** eine schwarze Grotte

WEN MACHTE ZECHER ZEUS ZUR HEBE-KONKURRENZ UND ZU SEINEM PERSÖNLICHEN MUNDSCHENK?

75

Schönling

Weil dieser trojanische Prinz so bildschön war, griff ihn sich Zeus in majestätischster Adlergestalt höchstpersönlich, entführte ihn auf seinen Olymp, verlieh ihm die ewige Jugend und erfreute sich über seine Akquisition an der Göttertafel. Dort war der Schöne neben Hebe als jener bis dahin zuständigen Ober-Sommélière sein ganz persönlicher Becherbewahrer und dazu aller Götter Mundschenk für all die sprichwörtlichen Nektargenüsse. Die Götterbecher füllte …

Parision A

Ganymed B

Hermes C

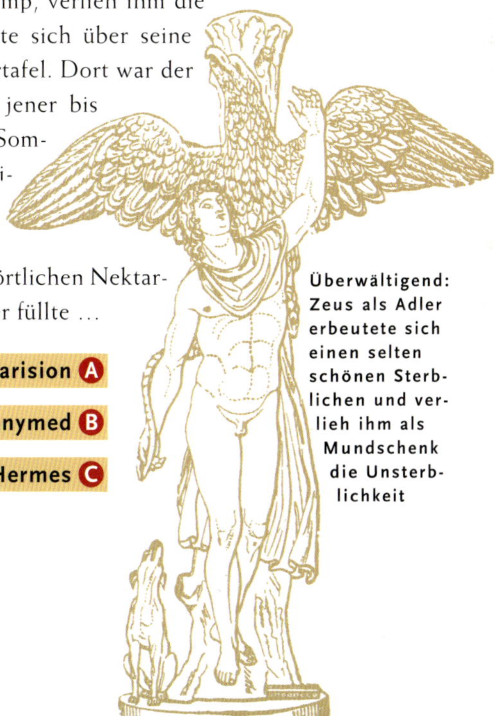

Überwältigend: Zeus als Adler erbeutete sich einen selten schönen Sterblichen und verlieh ihm als Mundschenk die Unsterblichkeit

WIE NENNEN NEW YORKER DAS THEATER UM DIE SÄTTIGUNG VOR DEM ERSTEN AKT?

76

Theaterhunger

Bühnenwirksam: Das ganze Theater in der Küche richtet sich in etlichen Restaurants in New York nach Showbeginn oder Schlussvorhang

Als anno 1970 New Yorks Broadway-Theater plötzlich ihren Vorstellungsbeginn zur nächtlichen Sicherheit der Besucher vorverlegten, mussten sich Manhattans Restaurants mit *pretheater minidinners* oder *after-dinner suppers* notgedrungen und unter Protest den neuen Zeiten anpassen. Seitdem wird jede Vorverlegung stets heftig aufs Neue diskutiert – das Reizwort lautet dann …

curtain time A

stage count down B

viewer hour C

Was wird aus Stockfisch, wenn er erst mal als portugiesische Spezialität gilt?

77

Stocksteifheit

Wenn ungesalzene Magerfische kopflos kopfüber an langen Stangen an der Luft trocknen, werden sie als Kabeljau oder als Schell- zu lange haltbarem Stockfisch, der gewässert und gequollen wiederum so leckere Gerichte möglich macht. Den norwegischen *stokkfisk* schipperten Niederländer samt Namen *kabeljau* nach Iberien und Nordafrika. Portugiesen sind Meister der Stockfischveredelung bis zu feinen Pasteten. Man kauft die noch zu wässernde Rohware dort als …

Luftnummer: Was hoch im Norden an kühler Luft trocknet, wird im Süden als wohlkonservierte Dauerware erwartet

galão (A)

peixe frito (B)

bacalhau (C)

Wer nahm erstmals »Man nehme...« in das moderne Kochbuchvokabular auf?

78

Biedermeierküche

Verdienstvoll: Eine Frau war zu Zeiten des Biedermeiers das, was heute wohl nur alle Fernsehköche zusammen wären – ein nationales Vorbild

Kurz vor der Mitte des 19. Jahrhunderts lernten die Frauen des Biedermeiers auf neue, verlässlichere Weise kochen, weil endlich ein Buch mit Mengenangaben auf den Markt kam. Begeistert kochte nun alle Welt Rezepte nach, die mit einem »Man nehme« begannen. Das so verlässliche Werk wird heute noch aufgelegt, weil die Schutzfrist schon 1906 ablief. Wer dieses Kochbuch besitzt, würdigt bei seinem Gebrauch jedes Mal den weiter wirkenden Küchengeist der Autorin Henriette ...

Gaggena-Fondo A

Brillat-Tavis B

Davidis-Holle C

Womit wird, was der Fleischwolf ausspuckt, massenhaft verlängert?

79

Streckhilfen

Strecken will gekonnt sein. Mit Mehlschwitze geht es nicht so gut wie mit speziellen Powerproteinen. Die erfand die Food-Firma »Betty Crocker« anno 1970, denn vorübergehende, teure Fleischknappheit in den USA hatte sie erfinderisch gemacht. Entwickelt wurde ein Pulver, um Fleischwolf-Fleisch zu strecken, und das geschmackvoll. Anderthalb Jahrzehnte später kamen dann etliche neue Strecklеckereien mit Zusatzgeschmäckern wie Champignons oder Käse auf den Markt. Die gern beigemengten Hamburger-, Tuna- oder Chicken-Verlängerer hießen und heißen noch schlicht …

Verlängerbar: Gewolftes Fleisch lässt bestens sich verlängern und umwürzen, wenn man zu Powerproteinen greift

A stretcher

B helper

C cheater

Welche Frucht kommt uns so dicke, dass mit ihr das Abnehmen zunehmend schwer fiele?

80

Menschenmast

Die gemeine Gurke enthält gut 96 Prozent Wasser und ist deshalb ein Kalorienkümmerling mit 12–16 kcal, also um 51 kJ pro 100 Gramm. Das Gegenteil ist deshalb interessanter, weil es für das »Guinness Buch der Rekorde« taugt. Eine Frucht bringt es brennwertvoll auf das Zehnfache, nämlich auf nahrhafte 163 kcal pro 100 g und tut damit ihr Möglichstes bei der Menschenmast:

- **A** Feige
- **B** Banane
- **C** Avocado

Dickmacherei: Gurkenesser bleiben Dünnmänner, aber mit einer Frucht lässt sich leicht das Zehnfache anfuttern

Wie nennt eine Pariser Brasserie ihr Sonderangebot »Austern satt«?

81

Austernsattheit

Zweimal im Jahr freuen sich Austernfreunde auf Paris, weil dort die »Brasserie Wepler« (gegr. 1881) mit der berühmten Seafood-Auslage für vergleichsweise wenige pauschale Euro zum Sattessen an maximal 48 Austern einlädt. Im April und im September ist Lockmuschelzeit, in der die angestellten Schalenöffner Akkordarbeit leisten, wenn die Kenner zum »Weplern« regelrecht einfallen. Hier war einstmals schon ein Henry Miller Stammgast, und hier bestellt man bis heute …

Pauschalschlemmerei: In Paris gibt es vier Dutzend Austern zum Einheitspreis

huitres à volonté A

gourmandise à gogo B

orgie gourmande C

Grenzfälle

Schöne Saucen sind nüchtern betrachtet Fette, die im Wasser gelöst als winzigkleine Tröpfchen schön frei verteilt schwimmen. Dazu aber muss die Oberflächenspannung von Öl auch genügend herabgesetzt werden, was allerdings alle grenzflächenaktiven Substanzen schaffen. Das vermögen etwa Pinienkerne wie auch andere Nüsse oder selbst Samen mit Hilfe der Lecithine in ihnen. Sie wirken dann nicht nur geschmackgebend, sondern sie sind auch sog. …

Spannungsvoll: Auch Pinienkerne liefern Saucen gewisse Bindung

A Initiatoren

B Emulgatoren

C Variatoren

Mit welcher Urbedeutung käme Ratatouille nur in die Bredouille?

83

Rattenwürdevoll

Was so gut klingt, wie es schmeckt, kann den Kenner nicht täuschen, der schnell die Wortgeschichte dazu auftischt. Sein eklatantes Beispiel ist das so klangvolle *Ratatouille*, dieses verzwiebelte Auberginentomatenzucchinigemenge, gern lauwarm auf geröstetem Weißbrot serviert. In der Provence verkalauerten mal vor allem Soldaten diese Zubereitung als geradezu rattenwürdige Simpelstkost. Denn der heute internationale Inbegriff aus Nizza bedeutet lokaldialektisch eigentlich nur …

Abgekocht: Die einfachste Art, etwas zuzubereiten, kann manchmal die leckerste sein, wenn da nur der Volksmund nicht wäre

Rührfraß A

Restetopf B

Hungerherd C

WAS ISST MAN TYPISCHERWEISE IN BOLOGNA, DER STADT MIT DEM FETTEN RUF?

84

Fettruhm

Voller Bauch studiert nicht gern, trotzdem ist die Universitätsstadt Bologna für beides, für Kultur und Küche berühmt. Sie trägt die Beinamen *dotta*, weil sie gelehrt ist, und *la grassa*, weil sie so »fette« Gerichte hat. Eine spezielle Zubereitung ist das emilianische Fleischvielerlei im Gemüsesud. Dazu gehört *salsa verde*, die grüne Sauce. Für beides ist Bologna bestens bekannt, die Zubereitung ist überregional beliebt als …

A carnoso rico

B brodino caldo

C bollito misto

Fette Sache: Bologna hat einen kulinarischen Ehrennamen und eine ehrbare Sauce

WIEVIEL LEBENSZEIT KOSTET ES UNS, MIT KOST UND TRANK DURCHS LEBEN ZU KOMMEN?

85

Zeitmenü

Was wir alles essen und trinken, macht auch die Statistiker satt: 50.000 Liter trinken und 30 Tonnen verfuttern wir angeblich im Laufe unseres Normlebens von 70 Jahren. Für fast 79.000 Mahlzeiten nehmen wir Platz, mit Ritualen wie »Kaffee und Kuchen« dann gar 105.000 Mal. 30 Minuten für jede Mahlzeit gönnen uns die Statistiker und stellen nüchtern fest: Schon ohne Zubereitungszeit verbringen wir von unseren durchschnittlichen 70 Jahren Lebenszeit beim Essen und Trinken ganze …

Lebenslänglich: Für zigtausende Mahlzeiten brauchen wir Bestecke, ehe wir dereinst den Löffel abgeben

neun Jahre **A**

sechs Jahre **B**

drei Jahre **C**

Was schmeckte Forschern als sibirische Permafrostware noch nach 50.000 Jahren?

86

Dauerfrostkost

Nachgeschmack: Was mal den Steinzeitjägern schmeckte, konnte wenigstens in einem Falle mal probiert werden

Die Tiefkühlkost-Ära begann zunächst mit Empfehlungen zum Einfrieren von Resten oder zur Vorratskocherei. Skepsis über die moderne Eiszeit wurde mit dem Hinweis zerstreut, Forscher in Sibirien hätten mal historische TK-Kost gefunden, aufgetaut, selbst probiert und noch an ihre Schlittenhunde verfüttert. Die 50.000 Jahre alten Auftauportionen sollen annehmbar geschmeckt haben – immerhin stammten sie vom …

A Mammut

B Saurus

C Karibu

Wovon bekommt der farbintensive Blue Curaçao eigentlich sein Aroma?

87

Blaumacher

Was war zuerst da, die Antilleninsel Curaçao oder der Likör gleichen Namens? Unreife Tropenfrüchte geben dem Klassiker unter Barmixers Bottles das Aroma und exotischen Longdrinks die Farbe. Klar bleibt er im »Mai Tai«, zu Gelb verhilft er dem »Chamäleon«, orange färbt er den »Red Devil«, giftiger wirkt er in der »Grünen Witwe«, doch im beliebtesten Fall ist er klassisch leuchtend blau wie im »Blue Champagne«. Jedes Mal helfen Farbstoffe ein wenig nach, doch das typische, herbe Aroma stammt von …

Azul-Lilien **A**

Blaualgen **B**

Pomeranzen **C**

Blue-Bottle: In erster Linie soll Curaçao wohl färben, in allererster aber auch Drinks sein Aroma geben

WIE DEFINIERTE OSCAR WILDE DIE DIPLOMATISCHE ROLLE BEIM SALATANMACHEN?

88

Diplomatenart

Ich gebe Ratschläge immer weiter. Es ist das einzige, was man damit anfangen kann«, erklärte Bonvivant Oscar Wilde einst und gab uns auch gleich einen für ein kulinarisches Problem. Um mal einen guten Salat gut anzumachen, so sein Rezept, müsse man ein geradezu brillant dosierender Diplomat sein – in beiden Fällen nämlich stehe man vor der gleichen Aufgabe, ob in der Küche oder auf glattem Parkett. Man müsse genau wissen, wieviel glättendes Öl beizugeben sei im Verhältnis zur ganz persönlichen Menge von scharfem …

A Essig

B Zitronensaft

C Pfeffer

Schmeckt nur verhältnismäßig: Nämlich nur, wenn die Verhältnisse denn auch stimmen …

Wer war eifersüchtig auf das, was Heinrich VIII. zu adeln geruht hatte?

89

Bratenbombasterei

Weil Englands Heinrich VIII. ein gewaltiger Gourmand war, wurde ihm einst ein am Spieß gebratener ganzer Rindsrücken (sog. Sattel samt Lenden und ein Rippenstück) mit anhängenden Keulen (sog. Doppelstück) aufgetragen. Er war so begeistert, dass er das Prunkstück in Anlehnung ans geliebte *sirloin steak* mit »Sir loin, baron of beef« adelte und öfter ein *baron aloyau* (also »Baron Lendenstück«) verlangte. Seitdem heißt so ein Riesenstück vom Rind »Baron«. Gern hätte eine französische Institution dem Britenbraten einen Nationalnamen gegeben und schlug 1953 erfolglos ein klangähnliches *bas-ronde* (d.h. »untenrund«) vor. Weil die Köche Frankreichs aber protestierten, holte sich einen Korb:

Pfui, Fremdwort: Kulinarische Begriffe aus dem Ausland werden in Frankreich gern mal zwangsübersetzt

die Académie Le Cordon Bleu A

die Académie française B

die Michelin-Redaktion C

WOMIT LÄSST DER GEÜBTE KOCH GERNE MAL WAS SPRINGEN?

90

Grifffestigkeit

Eine Stiel-Frage: Bestimmte Pfannen brauchen beim Hantieren eine bestimmte Hebelwirkung

Beim Sautieren ist große Hitze für schnelle Effekte wichtig, weshalb Sauteusen oder Sautoirs idealerweise aus hoch leitfähigem Kupfer sind, das innen gegen vergiftende Reaktionen verzinnt ist. Alu wäre nicht geschmacksneutral, Stahl mit Spezialboden täte es auch, Antihaftbeschichtungen allerdings puffern die Hitze zu sehr ab. Die langen, oft steilen Griffe der speziellen, eher flachen Stielpfannen machen das Hantieren leichter, denn Sautieren bedeutet eigentlich »springen (lassen)« – aber nicht den Koch mit verbrannter Hand, sondern immer den Pfanneninhalt. Auf gut Küchendeutsch ist so ein Sautoir deshalb eine …

A Schwungpfanne

B Schwenkpfanne

C Schwingpfanne

FÜR WELCHEN GESCHMACK HABEN GOURMETS ERST SEIT 1908 EINEN NAMEN?

91

Quintogusto

In vier Richtungen können wir klassischerweise differenzierend »schmecken«: süß, sauer, salzig, bitter. Offenbar reicht dies nicht aus. An einer fünften »Richtung« (unserem Sinn für Fettiges) wird noch geforscht, aber seit 2000 ist bewiesen, was der Japaner Prof. Kikunae Ikeda schon 1908 aus Seetangbrühe herausschmeckte: Unsere fünfte Sensibilität für glutamathaltig Wohlschmeckendes (japanisch *umai*) wie Fleisch, Milch, Meeresfrüchte, reifer Käse. Damals taufte Ikeda unseren Rezeptor für herzhaft-fleischig-voll-intensiv-würzig-pikant auf den Namen …

A Maimai

B Glutami

C Umami

Allerdings: Als man im 19. Jahrhundert noch idyllische Liebig-Bilder sammelte, war unser Geschmack nicht genau erforscht

WAS DARF MAL OBEN, MAL UNTEN ZU LECKERER FÜLLE QUELLEN?

92

Afrotopf

Die Ethno-Küche und ihre kreative »Tribalisierung« fasziniert seit den 1980er Jahren. Zu einer abendmorgenländischen Schlemmerei in Üppigkeit und Beilagenfülle gehört heute unbedingt ein Hartweizen- oder ein Hirsegrieß, der nur oben im eintopfleckeren Dunst oder unten im Gemüsefond quoll. Für Eselsbrückenbauer hat die Spezialität einen regelrechten Bussi-Namen, der aus Afrika über Frankreich in alle Welt gekommen ist – dieser oder dieses sogenannte …

A Couscous

B Risibisi

C Pilipili

Quellfall: Hier duftet etwas Grießiges so lecker, dass man es nach arabischer Art mit drei Fingern greifen und essen möchte

WAS LÄSST SICH DURCH WASSERENTZUG ERST BESTENS HINBEKOMMEN?

93

Lösenlassen

λύω, pf. pass. *λέλῠμαι*, opt. 3 pl. ep. *λελῦντο* ohne den gew. Modusvocal *ι*, zweifelh., aor. 2. med. ep. *ἐλύμην* und davon ***λῦτο*** und ***λύντο*** in pass. Bdtg, *λύθεν* = *ἐλύθησαν*, Adj. verb. ***λυτέον*** [ῠ̆ und vor σ ῡ] (St. *λυ*, lat. *reluo* u. *solvo* für *seluo*, auch *luo* büsse, goth. *lau-s-ja*, und *laus* los), I) Act. u. Pass. 1) l ö s e n, losmachen, losbinden, losspannen, abspannen, loszumachen suchen, lockern, erlösen, frei machen, befreien, bes. einen Gefangenen, jmdn aus den Fesseln, ihm die Fesseln abnehmen, od. auch losgeben, loslassen, herausgeben, absol. z. B. neben *ἐφάπτουσα* (den Knoten) lösend oder schürzend,

Urgriechische Entwässerung: Gelöstes lässt sich gut einfrieren und im Vakuum des Lösungsmittels berauben

Nahrungsmittel, die sich sehr viel gefallen lassen, ohne gleich sauer darauf zu reagieren, sind der Lebensmittel-Industrie am liebsten. Dann werden sie bequemst manipuliert, konfektioniert, transformiert. Oder bloß schonend denaturiert, sofern sie im schönsten Bildungsgriechisch etwas Lyophiles, also Lösungsfreundliches, gegenüber bestimmten Inhaltsstoffen haben. Eine ganze Branche betreibt zu unser aller Bequemlichkeit Lyophilisation, nimmt quasi »Löse«-Geld für …

Milchdicklegung **A**

Filetierung **B**

Gefriertrocknung **C**

WELCHES NARRANGANSETT-WORT SPIELT SEINE ROLLE, WENN DIE USA IHR HALLOWEEN ZELEBRIEREN?

Rohköstlich

Sie sind pflegeleicht, imbisswinzig oder ausgewachsene Monster: Kürbisse sind seit Jahrtausenden Feldfindlinge und Küchenopfer in aller Welt. In der Neuen Welt, aus der aller Halloween-Rummel darum kam, gibt es keine *pumpkins* oder Kalebassen, dort heißt das Gurkengewächs, das es botanisch auch tatsächlich ist, mundfaul nach der letzten Silbe des indianischen Narragansett-Wortes für etwas »roh Essbares« …

Indianerfrucht: Amerikanische Kürbisse haben ihren Eigennamen, schon wegen Halloween

A hallowinwash, also wash

B bombaramash, also mash

C asquutasquash, also squash

Was halten Chinesen für so beglückend, dass sie ihm einen innigen Namen gaben?

95

Dämpfglück

Die chinesische Küche kennt und unterscheidet sehr genau Schnellrührgaren, Blitzwendesautieren oder Heißdampfdünsten, hat für all das eigene Wörter und bringt es dabei zu ehrenwerter Hochstapelei: Nichts ist in besseren Chinarestaurants verführerischer als der Speisenwagen mit den Stapeln von Bambuskörbchen voll verschiedenster *dim sum*. Die gedämpft heiß gehaltenen, fantasievoll gestalteten und höchst abwechslungsreichen Happen aus dekorativ geflochtenen *zhu long* sind und heißen wörtlich …

Feucht-heiß: In Stapelkörben kommen solche gedämpften Fantasien direkt an den Tisch

Augenperlen A

Herzenswonnen B

Magengeschenke C

WELCHES MITTELALTERLICHE SYMBOL WURDE ZUM NAMENSGEBER MODERNER GOURMANDISE?

Ehrenzeichenhaft

Ritterliche Gourmandise: Für treuen Zusammenhalt sorgte ein winziges Bändchen

Ein farbiges Stöffchen war das symbolische Ehrenzeichen der Ritter des Ordens vom Heiligen Geist, die bei ihren clubhaften Zusammenkünften wie Gott in Frankreich tafelten. Später wurde es Inbegriff für Höchstgenuss oder Höchstleistung und gilt bis heute für den Höchstabschluss auf der legendären *École* gleichen Namens, anno 1880 gegründet im Pariser »Palais Royal«, seit 1942 auch in New York ansässig. Dieses Symbol heißt …

A Moulin Rouge

B Cordon Bleu

C Chemin Blanc

Wann war Amerikas liebster Lobster endlich wieder massenhaft zu fangen?

97

Hummerhammer

Im Neuenglandstaat Maine ist Hummer das Wahrzeichen. Für Amerikaner dort ist *lobster* als eiweißhaltigstes Sea- fast Fast Food. Schon 1889 hangelten die Maine-Fischer 11 Millionen kg Hummer an die Wasseroberfläche. Sie dezimierten die Bestände durch Konservendosierung so nachhaltig, dass diese Krustentiere erst durch strengste staatliche Kontrollen auf dem Meeresgrund wieder Oberwasser bekamen. Schutz und Aufzucht dauerten Jahrzehnte, aber dann krochen wieder fast 13 Millionen kg De-luxe-Krustentiere in einem einzigen Jahr in die Körbe, und zwar …

anno 1990 A

anno 1950 B

anno 1914 C

Bewusste Ausgewogenheit: Wegen und gegen Knappheit werden Hummer bewirtschaftet

Welchen Namen übernahmen asiatische Nudelküchenköche von den Italienern?

98

Nudelgewürm

Die Nudelsortenwelt ist schier unübersehbar. Noch fehlen Tapioka- oder Maisnudeln, aber es gibt schon chinesische Suppennudeln aus Sojamehl sowie gewisse flachfädige und dekorativ schneeweiße Reisnudeln aus Asien. Die tragen den Namen des italienischen Pendant-Geringels, gleichen dünnsten Spaghetti und erinnern an Wurmgewimmel. Pasta-Passionierte reden denn auch von …

- **A** Fusilli
- **B** Mikadodos
- **C** Vermicelli

Nudelformal: Die »wurmhaft« dünnen heißen in Fernost so wie ihre Verwandten in Italien

Was ist der kleine Trick, wenn es in der Fischküche dekorativ rundgehen soll?

99

Biegetrick

Korrektur: Wer gerade solche gerade Forelle nicht will, dem krümmt sie der Koch schon trickschick hin

Ein noch ganz frischer umschleimter Fisch formt sich ungewaschen ganz ungezwungen tellerkonform ins Runde, doch ein älterer, abgespülter tut es gerade nicht. Köche, bei denen es trotz älterer Forellen in klassischer Weise rundgehen soll, helfen deshalb etwas nach. Sie mogeln nach bewährter Manier und tricksen mit einem …

Bindfaden A

Elektroschock B

Rundsieb C

WODURCH SCHMELZEN WIR BEI BESTENS VERFEINERTER SCHOKOLADE GERNE DAHIN?

Aufbesserung

Die Aromen bester Schokolade vertragen sich ja nicht nur besonders gut mit Haselnuss, Rum, Traube oder Marzipan, noch besser vielmehr mit einem zwei- bis vierprozentigen Anteil von etwa 150 Aromen aus den Kapselfrüchten einer tropischen Pflanze. Je mehr davon verrührt ist, desto besser (und teurer) wird so eine Schokolade. Natürlich werden diese Aromen auch künstlich hergestellt, haben aber nie die runde, voll befriedigend sattsüßliche und »dunkle« Geschmackswirkung von …

Naschkatzen schmecken es: Nur eines verbessert noch beste Schokolade

A Johannisbrot

B Vanille

C Minibananen

Welches Dressing verblüfft namentlich mit einer ausgesprochenen Unzahl?

101

Rührend

Eine Weiterentwicklung vom *Russian dressing*, angeblich 1924 im »Drake Hotel« in Chicago kreativ aus Creme, Pickles, grünem Pfeffer und anderen Gewürzen zusammengerührt, sah auch nach dem Vermengen noch so deutlich inhaltsreich aus, dass sich der neue Name dafür schnell fand und verbreitete, weil er an eine so detailreiche Gegend zwischen New York und Ontario erinnerte. Das Dressing heißt bis heute …

Maximalname: Ein populäres Dressing trägt eine höchst unkulinarische Bezeichnung

10.000 Herbs A

Millionnaise B

1.000 Islands C

Mit welchem zermürbten Fleisch legt die Wiener Küche Ehre ein?

102

Schnittig

Von den Wiener Kochkünsten hat sich die kulinarische Welt manche Scheibe abgeschnitten, von einem Rindsteil besonders. Nach dem ganz speziellen Wiener Schnitt liefert die sogenannte Unterschale einen delikaten Ausläufermuskel, der in eine zermürbende Brühe kommt und später in seinen dicken Scheiben regelrecht beweint wird, weil ein geriebener Apfel dazugehört, der mit »Greinwurzel« verschärft werden muss. All dies ist das Weltgericht …

A Tafelspitz

B Fürstenfilet

C Kaisergulasch

Zermürbung: Dieses Rindfleisch macht gut gesotten bestens satt

Was kommt den Briten zu gern in die Tüte, die einmal eine Zeitung war?

103

Echtaroma

Das nationalste, fasteste Food der Briten, *fish'n'chips*, darf ja nur aus hygienischen Gründen nicht mehr in die Spitztüte aus gerollter Zeitung, da die Druckerschwärze meist zu stark durchschlug. Und seit Fisch knapp und immer teurer wurde, sind auch derlei Take-aways teurer und edler geworden. Eines aber gilt unverändert für die traditionelle britische fischige Lust: Es gehört nur ein Schuss Essig daran, und zwar lediglich ein Essig aus …

Ersatzpapier: Für fish'n'chips wird für das spitztütige Einrollen lebensmittelechtes Zeitungspapier simuliert

Apfel A

Malz B

Wein C

Was hatten Russen in Paris verloren und angeblich sogar zurückgelassen?

104

Schutzname

Ob russische Besatzungstruppen anno 1815 in den Eckkneipen »bystro, bystro!« statt »vite, vite!« riefen und mit ihrer Eilbestellung den Namen für Bistro(t) kreierten, ist umstritten. Sicher ist, dass Schankstuben einst metallüberzogene Tresen hatten, danach auch bezeichnet wurden und von Nostalgikern immer noch werden. Dann stehen die Gäste nämlich nur im und am …

- **A** laiton (Messing)
- **B** cuivre (Kupfer)
- **C** zinc (Zink)

Kleine Bistrokunde: Nicht alle Draußensitzer wissen, woran man denn als Drinnensteher steht

Wofür schulden Russen und wir auch den Georgiern heissen Dank?

105

Grillwürfel

Unser Spanferkel könnte »Schischschwein« heißen, wenn das turksprachliche Spieß-Wort sis (sprich »schisch« wie in »Schisch-Kebap«) vor Zeiten übers Russische auch so appetit-

Kleine Spießigkeit: Sie kam aus Georgien über Russland zu uns und braucht speziellen Fleischduft

anregend zu uns gelangt wäre, wie es etwa auf den Balkan kam. Die Russen selbst haben es von den Georgiern, weshalb ja auf die echten »Spießchen« marinierte, lorbeerisierte, geessigte, thymianisierte, muskatierte und verzwiebelte Fleischwürfel gehören. Die stammen beim urigsten Schaschlik aus einer gut abgehangenen …

Hammelkeule A

Stutennuss B

Schweinebacke C

Wodurch bleibt Fleisch nach dem Braten wunschgemäss safthaft?

106

Zischeffekt

Ein altes Küchenammenmärchen sagt, Fleisch habe Poren, die sich beim scharfen Anbraten vor Schreck verschlössen und den »Saft« einsperrten. In Wahrheit wird ja nur zischend Wasser verbraten und die äußere Fleischschicht trockener, wenn auch in komplizierten chemischen Prozessen brauner. Der Wunsch »blutig«, »bleu«, »rosa« oder »durch« ist also eher eine abgestufte Trockenbratebitte. Für jede Saftigkeit auch außen hilft jedoch nur …

A nachher rasch kalt tauchen

B vorher stark einmehlen

C ruhen und nachziehen lassen

Geräuschvoll: Auch nur ganz kurz zu Bratendes gibt vernehmlich Brutzelsignale

Wie lange bleiben frisch gepflückte Erdbeeren von Natur aus frisch?

107

Matschfaktor

Erdbeeren werden wegen der Transportwege meist knapp rotreif gepflückt und unreif vermarktet, denn sie sind nur eine gewisse Zeit haltbar, auch Züchtern gelang bisher nichts ausgereift Dauerhaftes. Schon die Ur-Erdbeere im Walde wie auch die hoch leckeren Zuchtsorten lange vor den Zeiten von *Senga sengana* sind, erst einmal vom Stängel gelöst, von Natur aus auf Fruchtfleischverfall angelegt – damit die Fruchtkörnchen außen sofort Nahrung finden. Die beste reife Erdbeere hält deshalb nur …

Verfallsschnell: Von Natur aus will die gemeine Erdbeere nach der Ernte bald erweichen

48 Stunden **A**

24 Stunden **B**

8 Stunden **C**

WAS HILFT,
WENN KURKUMA KÜCHENGERÄT SO
SAFRAN-GEL MACHTE?

Wutgelb

Kurkuma ist beliebt als ein stark färbendes, leicht bitter-pfeffrig schmeckendes Pulver aus den Wurzeln vom »Gelben Ingwer«. Dabei warnt die Gelbwurz ausdrücklich vor ihren Folgen, denn nicht nur Curries, Senf- oder Mayonnaisesaucen werden quittegelb – auch Kochgeschirr, Küchenwerkzeuge, Schneidebretter und sogar die Tischtücher. Das ist jedoch alles halb so schlimm wie der erschreckende Anblick scheint, denn das satte Kurkuma-Gelb verschwindet ja mit einer geradezu magischen Eleganz ganz allein schon …

A am Sonnenlicht

B im Wasserbad

C durch Tieffrieren

Gelbe Gefahr: Kurkuma färbt so intensiv, wie es auch aus Vergelbtem schnellstens verschwindet

Was wird aus dem natürlichen Weichmacher Papain beim Erhitzen?

109

Zartgefühl

Gerne weicher: Alle Papayas enthalten einen sehr wirksamen Zartmacher für Fleisch

zur Kruste **A**

inaktiviert **B**

verdampft **C**

Gelobt sei ja, was zart macht – und manchmal lohnt es sich, ein wenig nachzuhelfen. Die Tropenmelone *Carica papaya* beispielsweise enthält Proteasen, die als pflanzlicher Fleischweichmacher namens Papain wirken. Alle Skeptiker, welche diesem natürlichen proteolytischen Enzym mit Argwohn begegnen, sollten jedoch wissen: Dieser Eiweißspalter Papain wird beim Erhitzen …

WAS WAR JAHRHUNDERTELANG DAS GANZ BESONDERS ANRÜCHIGE AN WÜRZENDEM KORIANDER?

110

Naserümpfen

Glückwunsch: Wer nicht weiß und nie erleben wird, was an Koriander so komisch duftet, der kennt die alten Zeiten nicht

Der Koriandersamen ist mit seinem pomeranzigen Aroma, das Koriandergrün allein als »chinesische Petersilie« ein geradezu modisches Gewürz für eher asiatischere Zubereitungen – unverdächtig und skepsisfrei. Nur ältere Generationen verstehen wohl noch, warum das griechische Urwort sagt, was Volksmund und Fachliteratur noch immer behaupten: Koriander solle riechen …

A wie Froschlaich

B wie Wanzen

C wie Hasensassen

Wie umschreiben die Türken so hingebungsvoll ihre Desserts?

111

Nabelshow

Die Türken haben seit osmanischen Schlemmerzeiten wunderbare Umschreibungen für ihre Leckereien. Gefüllte Auberginenhälften beschwören als *imam bayildi* das Bild: »Der Imam fiel vor Entzücken in Ohnmacht«. Ganz besonders die süßen, zuckersiruptriefend teigzarten Desserts klingen geradezu gourmetpoetisch und assoziieren »Nachtigallennester«, mal »Lippen der Schönen« oder bauchtanzschöne »Frauennabel«. Eine der Begeisterungsnachspeisen heißt beinamentlich gar »Wonne des Schlundes« und ist ganz wonniglich …

Baklava **A**

Datteldöner **B**

türkischer Honig **C**

Wonnewörter: Für Süßes haben Türken eine Hymnensprache

Was macht Quark aus der Lausitz zur gesunden Regionaldelikatesse?

112

Absorbiert

Unsichtbar: Auf diesem Bild zu diesem Gericht ist der guten Dinge drittens ja schon eingearbeitet

In der Lausitz, ganz im Osten, lebt Deutschlands erste anerkannte Minderheit (zweitens sind es die Dänen), die sich ihre slawische Sprache und manch Brauchtum bewahrte. Natürlich auch rezeptweise eine originell regionale Küche, die in kulinarischer Erinnerung an schlechtere Zeiten auch gern schlichten Quark auf den Tisch bringt, den aber ein bestimmter Beiguss sehr schmackhaft und so auch besonders gesund macht. An solchen Sorben-Quark gehört typischerweise …

A Sauermolke

B Bierreduktion

C Leinöl

Wie hat denn allerbestes Olivenöl im Bestenfall zu schmecken?

113

Ölvorkommen

Olivenöl hat seine unendlich vielen regionalen Aromen, je nach Sorte, Erntezeitpunkt und Gewinnung. Fachleute wissen, dass durch bestimmte phenolische Verbindungen ein grüner, scharfer Geschmack dominieren kann, der von der Natur gegeben ist oder durch Mitvermahlen von Blättern und Stängeln auftreten kann. Ebenso sind milde Olivenöle Herkunfts- oder Verschnittsache. Für Kenner ist unverfälschtes Olivenöl aber stets …

etwas bitter **A**

leicht süß **B**

zart essigsauer **C**

Kennerurteil: Experten tauchen den kleinen Finger hinein und wollen beim Ablecken etwas Bestimmtes erschmecken

Welche indische Ente entpuppt sich beim Genuss als Mogelpackung?

Entenbluff

Markanter Markt: In Indien darf man eine gewisse Spezialität nicht auf dem falschen suchen

Europäische Reisegourmets amüsieren sich oder sind gewaltig auf dem kulinarischen Holzweg, wenn sie sich in Indien *pomfrets* bestellen und statt der Pommes frites dann den makrelhaften »indischen Lachs« bekommen. So geht es auch immer wieder bei *Bombay Ducks* zu, die roh so wie sonnengetrocknete *duck wings* aussehen, regeneriert aber dann ganz anders und dabei höchst lecker schmecken. In Wahrheit nämlich stammt das Trockenprodukt von …

A Tempelgänsen

B Heringsfischen

C Entenmuscheln

Welches Vergnügen arabischer Väter ist längst ein internationaler Appetizer?

115

Musmust

Sehr arabisches Hors d'œuvre: Zum Tunken oder bequemer und fingerfertig im Teigmantel aufgetischt

Der klassische Appetizer aus der arabischen Küche ist längst ein internationaler Starter und Dip geworden: Über Holzkohlenfeuer aromatisierend schwarz gebackenes Auberginenfleisch wird püriert und dann mit *tahin* (Sesampaste), Olivenöl, Knoblauch, Zitronensaft und Kreuzkümmel zur Paste vermischt. Solcherlei Eierfrucht-Musereien füllen oft aufgeschnittene Fladenbrote, heißen übersetzt so viel wie »Vaters Vergnügen«, in Kennerkreisen jedoch ebenso arabisch wie international nur:

Ali Babouche A

Baba Ganouche B

Aga Kandouche C

Wie kann die Kartoffel als Erdapfel in Österreich auch noch aufgetischt werden?

116

Knollenfritz

Importwort: In Sachen Culinaria war das alte Öster-Reich zeitgeistgemäß recht global, also ziemlich europal

Diese Österreicher: Deutscher Feld- ist ihr *Vogerlsalat*, der Meerrettich ein *Kren*, eine Haxe das *Gnagi*, die Keule heißt *Stutzen*, der Schlegel *Gigot*. Sie *bähen*, wenn sie aufbacken, und *selchen*, wenn sie räuchern. Viele Spezialiäten wie böhmische *Powidl*, also Pflaumen, oder der tschechische *Palatschinken* kamen aus dem Nachbarland auf den nationalen Küchenzettel. Selbst die *Erdäpfel*, Kartoffeln also, beweisen ihre Urheimat im preußischen Brandenburg, denn tschechisch/wienerisch heißen sie bis heute nach ihrem nördlichen Nachbarn denn auch …

A Brambory/Bramburi

B Prussys/Saupreißlbeern

C Allfritzy/Altfrizzen

Welcher kochtechnische Begriff griff auf ein Globalgericht über?

117

Hochrunter

Vorgangswort: So manches Gericht heißt einfacherweise genau so wie auch seine heiße Zubereitung

Es gibt Gerichte, die ihren treffenden Namen nicht dem Inhalt, sondern der Zubereitung verdanken: Braten und Eintopf zählen dazu, auch Schmortopf und Pfannengericht. Südfranzosen haben den besonderen Küchenhinweis im Namen einer Spezialität, die nur »kurz aufkochen« darf und dann auch gleich »runtergestellt« werden soll. Gerade solches Aufblubber-Simmern bekommt ihr nämlich allerbestens, der sogenannten …

Hautgoût-cuisine A

Bouillabaisse B

Marmite forte-faible C

WOZU VERABREDEN SICH SEVILLANOS UND TOURISTEN, WENN SIE AUF TAPA-TOUREN KOMMEN?

118

Imbisschen

A snackear!«

B tapear!«

C gourmear!«

Bummelbegriff: Ein Inbegriff fürs Schlemmen von Tapas, die einst als Gläserdeckel dienten

In Sevilla speist man nicht, man isst Tapas. Diese sehr spanische Redensart erweist jener Tapa-Hauptstadt Reverenz, weil die leckeren andalusischen Kleinigkeiten zu Wein oder Bier zur schönsten Bar-Mode in ganz Spanien wurden. Und sind die Miniportionen in der einen Bar nicht kreativ genug, so locken die Tapas der nächsten um so mehr. Daraus entwickelte sich die kulinarische Flaniermode als Art von Tapa-Hopping am Abend. Für solches Bummeln in fröhlicher wie mobiler Häppchenlaune gilt die Parole: »¡Vamos a …

FÜR WELCHES DOPPEL-WORT BEGEISTERTE UNS DIE INDONESISCHE KÜCHE?

119

Asiatafelei

Indonesische Reistafeln sind Schlemmer-Orgien mit einzeln aufgetragenen Köstlichkeiten auf Tellern und in zahllosen Schälchen. Eine Pikanterie mögen Westlergaumen besonders, weil dabei warmes Gemüse an Erdnusssoße aus der Ostküche kommt. Weil dies »Gemisch« immer ein Vielerlei ist, wird die Lecker-Leckerei auch im Indonesischen sprachlich verdoppelt – nämlich zu …

Mischform: Ein wörtlich redupliziertes Fernostgericht braucht immer Erdnusssoße

Atjar-atjar A

Pata-pata B

Gado-gado C

WIE KOMMT MAN IN DEN USA ZU EINEM SPIEGELEI, DAS EINEM AUGEN MACHT?

120

Eieifer

Es ist nicht gerade eierleicht, in den USA *eggs* zu ordern: Beim nostalgischen *Hangtown Fry* gibt es seit Goldrauschzeiten Austern dazu, *shirred eggs* sind verlorene Eier und die *dropped eggs*

Andere Länder, andere Eier: In den USA hat jede Zubereitung ihren egg name und dazu einen nickname

A Eye in white, please!

B Yellow in yolk, please!

C Sunny side up, please!

unsere Setz- oder Spiegeleier, also *fried eggs*. Letztere gewendet und zweiseitig gebraten bestellt man *upside down*, klassisch einseitig aber immer nur als...

WOMIT MUSSTEN DIE GOURMETS DES MITTELALTERS SAFRANFÄDEN AUFWIEGEN?

121

Gegenwertvoll

Sehr fadenfeines, würziges Gold: Schon im Altertum war es besonders gegenwertvoll

Anno 1393 wurden Spezerei-, also Gewürzhändler in Teutschland für nur ein einziges Pfund Muskatnüsse mit sieben fetten Ochsen zur Kasse gebeten – so groß war der Herdentrieb der gierigen Gourmets nach Würzreizen. Ein Pfund Ingwer wurde mit einem Schaf aufgewogen, zwei Pfund Muskatblüten (Macis) mit einer Kuh. Safran aber war zu fast allen Zeiten das teuerste Gewürz, in Europa galt damals die Wertfaustformel: Ein Pfund Safranfäden hat den Gegenwert von …

- einem schweren Ackergaul **A**
- zwei ergiebigen Milchkühen **B**
- drei schnellen Postpferden **C**

Wo mussten unzählige, genau gezählte Enten ihr Leben für Gourmets lassen?

122

Erpressung

Fast alle Berühmtheiten der Welt haben schon mal im »Tour d'Argent«, dem »Silberturm« in Paris die so berühmte erdrosselte *canard* mit der legendären erpressten Blut-Cognac-Port-Sauce genossen und zum Abschied ihr Zertifikat darüber bekommen. Seit 1890 werden in dem 1582 gegründeten Restaurant die Enten gezählt, die aus den Marschen zwischen Burgund und Jura stammen und in Paris in der Presse enden. Im April 2003 feierte das Etablissement die runde Zahl von …

A einer Million

B fünfhunderttausend

C hunderttausend

Berühmtes Zertifikat: Frédéric Delair tranchierte einst Enten persönlich und bescheinigte jeden Genuss und Einsatz der Entenpresse

WIE KANN SICH WER,
DER MIT SPECK SPICKT,
NOCH FEINER AUSDRÜCKEN?

123

Verscheckerung

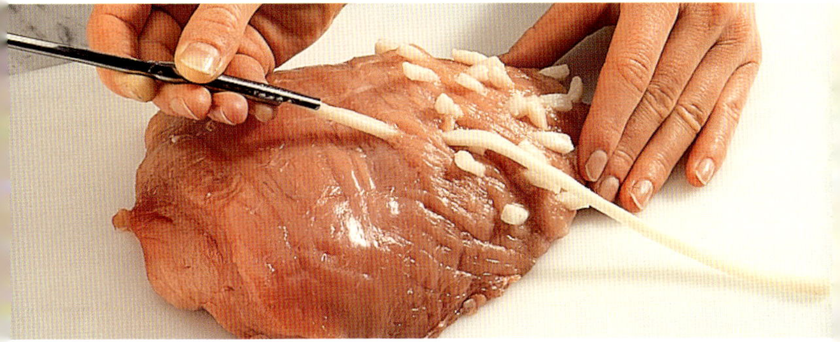

Die Küchensprache kann zwar sehr detailliert, aber auch schön versnobt sein. Dann wird nicht gesäubert, sondern *pariert*, nicht geschmort, vielmehr *braisiert*. Genau so können oder wollen einige *chefs* zu gerne statt auf altdeutsche Küchenart bloß zu spicken mal lieber auf Französisch etwas »buntscheckig« machen, indem sie das Ganze nämlich fremdwörtlich …

Fremdspicken: Man kann die Nadel mit dicken Speckstreifen auch mal ganz undeutsch durchziehen

permettrieren **A**

bigarrieren **B**

parforcieren **C**

Welchen deutlich sprechenden Namen gaben die Hellenen der Petersilie?

124

Verpeterungslust

Für Alexandre Dumas d. Ä. war Petersilie (*persil*) noch ein Muss für jedwede Sauce, er zitierte dafür sogar den zeitgenössischen Naturforscher und Gourmet Louis-Augustin Bosc d'Antic, der meinte, ohne eine *persillade* ließe sich die Kochkunst gar nicht ausüben. In fast allen Sprachen wurde dieses Kraut »verpetert«, denn sein Urname stammmt aus dem Griechischen. Einst sollen in Makedonien ganze Hänge von Felsen glatt oder kraus davon bewuchert gewesen sein. Und deshalb heißt jenes hellenische Doldenblütlerkraut eigentlich wörtlich …

A **Überall-Salat**

B **Petrus-Speise**

C **Felsen-Eppich**

Ziemlich weit hergeholt: Die Petersilie hat ihren Urnamen nie abgelegt

WELCHE ZUBEREITUNG BRINGT UNS GANZ ZUR UNZEIT AUF DEN WEIHNACHTSGESCHMACK?

125

Saisonaroma

Wir staunen unnötig über mexikanisch-aztekische Gerichte, die erst mit Schokosauce (*mole*) zum Truthahnragout oder Hühnchen authentisch sind. Reisende Mitteleuropäer haben schon mal Bündner Rehpfeffer mit süßlichen Gebäckaromen probiert, eine ähnliche Sauce zum Rehrücken nie abgelehnt und beim Böfflamott interessant gefunden – und das nicht nur zur Weihnachtszeit. Das Interessante daran war …

Zimtstern-Beiguss A

Lebkuchen-Soße B

Spekulatius-Jus C

Wohlbekannt: Raffinierter als bloße Sauce ist eine mit einem gewissem Déjà-Effekt

WIE KANN MAN KOHL AUCH MAL OHNE ATMOSPHÄRISCHE ZUMUTUNGEN ZUBEREITEN?

126

Kohldampf

Jeder Kohl verrät sich ja beim Kochen, denn er alarmiert die Nase mit schwefelpestigen Abbauprodukten. Als Dunstabzugshauben noch nicht erfunden waren und nur Durchzug half, wurden so ganze Wohnungen durchkohlt. Dagegen und gegen den Stunk, den Kohlmuffel dann machten, half in Maßen ein altes Hausfrauen- und Küchenmittel, das ganz einfach mitgekocht wurde:

A Roggenbrot (als Stück)

B Seifenschnipsel (als Raspeln)

C Kümmel (als Schnaps)

Üble Schwefelschwaden: Gegen die Ruchbarkeit von Kohl gibt es ein altes Hausmittel

Wie heisst das Spitzen-Wort für Teespitzen für Spitzentee?

127

Wortzupferei

Der Tee-Adel: Wie die Farbe Orange in die Nomenklatur der Händler kam, weiß niemand

Es ist unklar, woher denn beim edelsten Tee die Bezeichnung *orange* kommt: Von der Farbe des Aufgusses, von chinesischer Orangenblüten-Parfümierung – oder gar aus dem niederländischen Königshaus Oranien. Am schönsten finden viele die Erklärung »Königliche Pflückung« als Gradbezeichnung beim »Orange Pekoe«. Für ihn werden nur die obersten drei Blätter eines Triebes gezupft. *Pekoe* bedeutet dabei auf Chinesisch ...

zartes Grün A

weißer Flaum B

junger Spross C

WELCHE WURST BEKOMMT IN SPANIEN IHREN SCHUSS SHERRY ODER WEISSWEIN?

128

Luftwurst

Spanische Universalwurst: Sie passt aromatisch zu fast allem – selbst zu Fisch

Diese Schweinerei ist ja sehr spanisch und fällt mal sehr fett, mal eher mager aus – je nach Gegend und Rezept: Schweineschulter im Idealfall, dazu Paprikapulver, Salz, Knoblauch und Kräuter, ein Schuss Sherry oder Weißwein, kurze Fermentierung im Wurstdarm und manchmal noch Raucharoma während der anschließenden Lufttrocknung. Fertig ist die spanische Delikatesse, die Paellas, Omelettes, Eintöpfe, Gebratenes, Saucen und sogar Fisch sehr robust spanisch würzt – als …

A grasito

B chorizo

C cerdiño

Womit bewiesen die alten Azteken schon ihren Appetit auf Kleinigkeiten?

129

Götterspeise

Das haben die heutigen Mexikaner von den Azteken: Das Füllen von Maisteigrollen mit allerlei Pikantem und das anschließende Dämpfen – traditionell in Bananen- oder Maisfüllblättern. *Tamales* heißen diese leckeren Kleinigkeiten, die auch zu festlichen Anlässen gereicht werden, ursprünglich sogar zu Ehren des Gottes Huitzlipochtli. Sie zählen in Mexiko zu den beliebten Vorspeisen alias Hors d'œuvres alias *starters* und heißen mexikanisch *antojitos*, was wörtlich bedeutet:

Gegen-Hunger A

Opfer-Taschen B

kleine Gelüste C

Erbteil: Schon Mexikos Altvordere dämpften solche Füllsel in Leckerblättern

WAS WÜRZT WILD,
WENN ES WAIDMANNS EINTOPF
WERDEN SOLL?

130

Einheitswürze

Früher freuten sich Köche und ihre Gäste auf *civets*, die Wildeintöpfe, die mit Rotwein und dem frischen Blut erjagter Tiere, ersatzweise mit Schweineblut, eingedickt wurden. Dazu gehörten unbedingt Speckstücke und vor allem *cive*, das damalige Universalgewürz für Eintöpfe. Selbst noch bei den *civets* als dickliche Saucen für Fisch- sowie Gänseklein-Eintöpfe sind *cives* geschmacksgebend, nämlich als …

Routinezugabe: In civets gehört hinein, was Kenner unbedingt herauslöffeln können wollen

A Frühlingszwiebeln

B rote Zwiebeln

C Karottenscheiben

Womit simulieren Köche für Gourmets den alten Schildkröten-Nachgeschmack?

131

Boykottbrecher

Die Schildkrötensuppe ist Gourmets gründlich versalzen und wurde zum verbotenen Genuss, seit der WWF zum Vernunftboykott zugunsten der aussterbenden Tiere aufrief. Der seit 1988 verbotene, unvergleichliche Geschmack aber blieb im kollektiven Gedächtnis und wird noch immer wieder gern simuliert mit Hilfe der »Schildkrötenkräuter« für Suppen und Saucen – perfekt in der *mockturtlesoup*, der besten falschen Schildkrötensuppe, auch in der Schildkröten-Sauce (*sauce tortue*) und per Zutaten-Mix »nach Schildkröten-Art« (*en tortue*). Die kleinwürfelige Fleischlichkeit der Schildkröte ersetzt nun …

Aus und vorbei: Echte Schildkröte in der Suppe wäre echt sündhaft, Ersatz wurde gefunden

Jungfasan **A**

Stubenküken **B**

Kalbskopf **C**

Wie heisst die zehnte Muse, die als Letzte kam und Köchen die Erste ist?

132

Musenfund

Göttliches am Herd: Seit Brillat-Savarin gibt es eine Muse, die Koch und Köchin küsst

Als J. A. Brillat-Savarin einst seine »Physiologie des Geschmacks« veröffentlichte, sollte es ausdrücklich eine »transzendentale Gastronomie« werden. Doch im

A Gourmania

B Gastronomia

C Gasterea

Jenseits seines Schlaraffenhimmels gab es noch ein Manko – nämlich außer Dionysos keine zuständigen Kulinarik-Götter. Darum erfand er sich eine zehnte Muse, die alle Köchinnen und Köche, Gourmets und die Esskultur im Ganzen beflügeln sollte. Sie sei da allgegenwärtig, wo Wein wachse, die Orangenblüte dufte, Trüffel wuchere und Wildbret üppig sei. J. A. Brillat-Savarin taufte seine neue Muse …

WAS TUN KÜCHENLATEINER AUF FRANZÖSISCH, WENN SIE BERAUREIFEN?

133

Kaltschalig

Das Vorkühlen von Gläsern mit eiskalten *rocks* ist nicht nur ein Trick der Barkeeper, selbst in der Küche werden gerne mal Formen mit Eiswürfeln ausgeschwenkt, um das spätere Stürzen zu erleichtern. Auch für Vor- und Zusatzkühlung durch Raspeleis über einer Zubereitung oder noch bei der Füllung einer gehöhlten Frucht mit ihrem eigenen Sorbet gilt ein Terminus technicus, der ganz wörtlich »Beraureifung« bedeutet …

Könners Eisigkeit: Kalter Inhalt braucht stilecht frostige Formen

glacinieren (A)

givrieren (B)

froidieren (C)

Welcher Knabberkram kam ganz aus dem Zweistromland zu uns?

134

Aleppopopcorn

Immanuel Kant schrieb, dass gewisse Früchte »in Persien als Beisätze zu Speisen gebraucht werden«, spätere Generationen würdigten sie noch als Gewürz für Ragouts, Pasteten und Torten, empfahlen sie aber auch schon zum Knabbern. Die »grünen Mandeln« kamen aus dem Zweistromland und drangen als »Alepponüsse« von großen Plantagen und unter arabischer Obhut bis ins Mittelmeergebiet vor. Wir mögen sie heute immer noch – und zwar als …

- **A** Pistazien
- **B** Pinienkerne
- **C** Kapern

Die alten Perser: Sie hatten schon dran zu knabbern

WELCHE REDUKTION RESULTIERT IN EINER EXPLOSION VON AROMEN?

135

Basisarbeit

Für besonders pikante heiße Saucen auf Früchtebasis reduziere man nach allen Regeln der Küchenkunst eine Mischung aus Essig und weißem Zucker sehr stark, aber vorsichtig bis hin zur Blondheit. Solch aromenstarker Rest ist die beste Basis etwa für die Garnitur einer *canard à l'orange*, Eckart Witzigmann variiert da mit Essig, Wasser, Pfeffer, Schalotten und verfeinert mit einem Teelöffelrest davon die Sauce Hollandaise. So eine hoch pikante wie radikale Reduktion heißt:

Aromenverdichtung: Reduzieren heißt der Trick, aber er heißt auch noch viel feiner

Gastrique A

Vinaigradation B

Reductade C

Mit welchen Riesenflaschen können Bibelfeste besonders gut umgehen?

136

Herrscherwissen

Übergrößenworte: Im Reigen der Fachwörter für Riesenabfüllungen tanzen skurrile Größen des Alten Testaments mit

Champagner macht Laune und gibt den Kick für einen leicht berauschten Größenwahn, den die Kellereien gerne mit übergroßen Flaschen ab Magnum-Größe befördern. Die Branche einigte sich früh auf alttestamentarische, meist babylonische und dazu eigenwillig geschriebene Herrschernamen. Als Bouteilles tun sich da dicke die *Jéroboam* (3 l), *Methusalem* (6 l) oder eine *Salmanazar* (9 l). Aber die allergrößte Schampusflasche – mit 15 l Inhalt und immerhin 78,5 cm Höhe – ist die …

Balthasar A

Nebukadnezar B

Abraham C

ALS WAS FIEL DER ANGLOPHILE HOT DOG IN FRANKOPHONE HÄNDE?

137

Franglais

In Kanadas Québec kann man Passanten getrost auf Französisch nach dem Weg ins Restaurant fragen, 40% würden verstehen und frankophon antworten. Aber sie müssen notgedrungen alle anglophilen Moden aus dem großen Nachbarland übersetzen. Kein Wunder also, dass eine gewisse besoßte, bezwiebelte und übergurkte Wurst im Brötchen bei den Québécois augenzwinkernd übersetzt wird als …

pain pour fifi **A**

sandwich saucisson **B**

chien chaud **C**

Anpassungsversuche: Solch Fast Food soll auch auf gut French schmecken

ALS WAS FIELEN ANGLOPHILE MIXED PICKLES IN VERDEUTSCHENDE HÄNDE?

138

Grünschärfe

Very British: Ein Österreicher taufte mixed pickles so wie sie ihm schmeckten – oder nicht

Ein deutscher »Mischmasch« ist so attraktiv lautmalerisch, dass er zu einem Fremdwort in Polen wurde. Die Bulgaren entlehnten ihn sogar für ihr Auflaufrezept mit Paprika, Zwiebeln, Schafskäse, Eiern und Tomatenmark. Um 1890 verdeutschte außerdem ein österreichischer Gourmet-Autor englische *mixed pickles* aus gesäuerten Vegetabilien (damals gern noch mit Grünspan gefärbt und mit Schwefelsäure verschärft) höchst despektierlich ebenfalls mit »Mischmasch«, denn solch markanter Mix zu Braten oder Käse war für ihn so typisch britisch, dass dies das Wort verdiente ...

A Gewaltsauce

B Mickelpickel

C Bitterbissen

Womit preist der Fruchtimport die wirklich mal vollreife Ananas an?

139

Uraroma

Viele exotische Genüsse sind hierzulande nur frühreife Früchtchen, weil allzu unreif geerntet, um die lange Reise matschfrei zu überstehen. Und gar nicht alle reifen ja nach, auch nicht die Ananas. Dabei hat sie vollreif einen unvergleichlich aromatischen und süß-säuerlichen Geschmack. Um den zu genießen, muss die Frucht also schnellstens nach der Ernte hin zum Ananas-Fan. Dann heißt sie beim Händler ausdrücklich …

Reif oder unreif: Meistens ist solche Ananas unreif geerntet, nachreifen zur Köstlichkeit kann sie nicht mehr

Ass-Ananas A

Fluganans B

l'Ananas royal C

Was lässt serviertes Geflügel beim Präsentieren möglichst lebensecht aussehen?

140

Formvollendung

Wenn der Koch ein Tier »dressiert«, hat es schon nicht mehr überlebt. Er formt es vielmehr beim Zubereiten naturgerecht, was beim Geflügel durch Herausdrücken und Festlegen der Keulen mit Nadel und Bindfaden oder mit Holzspeilen erfolgt, damit alles ja möglichst lebensecht wirkt. Diese recht spezialisierte Formgebung nennt sich ...

A rondieren

B façonieren

C bridieren

Fürs Auge: Die Küche hat da fachsprachlich gut manipuliert

Wie heisst die scharfe Welle, die mit Salsa das Ketchup schon überspülte?

141

Siegersauce

Salsas Sieg: Im buchstäblich sehr scharfen Wettbewerb übertrumpfte die Salsa inzwischen den Ketchup

Seit Beginn der 1990er Jahre erspart die US-Lebensmittelindustrie den immer bewusster essenden Amerikanern wenigstens Fett und Salz. Für den betonteren Geschmack sorgte traditionell Ketchup. Doch dessen Hersteller waren anno 1991 geschockt: Binnen 10 Jahren hatte sich allein der Tortilla-Absatz verfünffacht, und erstmals wurde nun der Absatz der süßen Rotsauce von mexikanischer *salsa* übertroffen. Für den schärferen Trend zu TexMex, Mexican Style oder zur Cajun-Küche etablierte sich schnell der Fach- und Inbegriff …

Mad Mex **A**

Fiery Food **B**

Chillila **C**

UNTER WELCHEM NAMEN KAM EIN BRETONISCHES GERICHT ZU BESONDEREN US-EHREN?

Vergrätung

Altweltrezept: Als bretonischer Hit die Neue Welt erobert

Jenes Seaside-Restaurant in Herman Melvilles »Moby Dick« hieß »Try Pots«, wo der Protagonist Ishmael zu gern einkehrte. Dort servierte man etwas Amerikanisches, das einst bretonische Fischer den Neufundländern, Neuschottländern und Neuengländern beigebracht hatten. Das gab es nicht nur zum Frühstück, auch als Dinner und beim Supper, »bis man nachschaute, ob nicht Gräten durch die Kleidung kämen«. Das Urrezept der fischigen Suppe mit Schweinefleisch sah nur sparsamst Wasser, dafür aber eine ganze Bottle *red wine* vor, denn das anschließende Eindicken gegen zu viel Schwappigkeit war eben Methode beim …

A Bouillababa

B Chowder

C Trawlerbowl

ALS WAS WÜRZEN ARABISCHE, ALSO INDISCHE ZITRONENBLÄTTER, MAL VIEL SCHICKER AUF FRANZÖSISCH?

143

Thainote

Weil »Ungläubige« (arab. *kafir*) sie ernteten, kamen gewisse exotische Zitrusverwandte einst als »Kaffir-« oder gar »Kaffernlimetten« nach Deutschland. Inzwischen schätzen wir die intensiv duftenden Blätter oder die Fruchtschalen als populäres Gewürz *makrut* in der thailändischen Küche, etwa im hocharomatischen, feuerscharfen *tom yam*. Indonesier verwenden die Blätter wie die vom Lorbeer, Japaner schätzen das *kobumikan*. Wir sagen »indische Zitronenblätter« dazu, doch mit ihrem sehr französischen Namen klingen sie schicker als …

Combava A

Cafireau B

Thaiture C

Blätter, die es in sich haben: In Fernost altbekannt, bei uns Mode

WELCHER KANTSCHE GEMÜSE-IMPERATIV KAM EINST IN SEINER KÜCHE AN?

144

Vernunftgeschmack

Durch die Einsicht, dass ihm gegenständliche Anschauung und gustatorische Sinnlichkeit im Raum des Speisens und in der Zeit kategorischen Genusses eine weiße Winzigkeit im Frühjahr wie im Herbst auf dem Teller zum Ding an sich hatte werden lassen, setzte Immanuel Kant einst die Zweckmäßigkeit seines Lieblingsgemüses absolut, ließ sie seinen Mittagsrunden nach dem absoluten Prinzip des Leib- und Magenimperativs sogar so oft wie möglich auftischen, denn er hatte da eine Schwäche für seine Idee des Idealgemüses – für …

Kategorisches Verlangen: Kant kannte nichts Schöneres als ein bestimmtes Gemüse an sich für sich

- **A Schwarzwurzeln**
- **B Spargelklein**
- **C Teltower Rübchen**

WELCHE SPEZIALITÄT DER CHINESISCHEN KÜCHE WURDE ERST IN DEN USA BERÜHMT?

145

Heimwehgericht

Die Chinatowns in den USA sollen erst den Mythos eines Gerichts ausgekocht haben, das sich als Rezept über die Welt verbreitete. Mal soll es die asiatische Antwort auf Fastfood gewesen sein, mal Heimwehgericht eines China-Aus- und US-Einwanderers, mal ein Spontan-Gag für Gäste, aus Resten zusammengerührt. Tatsächlich kann fast alles »drin« sein, wie es seit Jahrhunderten Brauch war im südkantonesischen Toisan, woher ja die frühen kalifornischen Chinesen meist stammten. Mythos ade: Das »Allerlei«-Gericht klang dort so, wie es heute international heißt ...

Allerlei drin: Chinagericht, das Immigranten aus Kanton kannten

Chop suey A

Dim sun B

Su si wong C

Welches amerikanisierte Britenrezept bekommt einen sehr amerikanischen Zuschlag?

146

Piepioniere

Karriere in Übersee: Ist die Pie englischer als englisch, dann ist sie neuenglisch

Seit die englische *apple pie* in jenen abtrünnigen Provinzen einer Neuen Welt gebacken wird, ist sie dort so sehr Nationalgericht geworden, dass die Redensart entstand: »as American as apple pie«. Die frühesten Rezepte sahen Rosinen, Zitronensaft und Mandeln vor, man würzte schon mal kräftig und aromatisierte – mit Rosenwasser oder Wein. Im 19. Jahrhundert gehörte *apple pie* so häufig auf den Frühstückstisch, dass die industrielle Herstellung zu lohnen begann. Noch um 1890 staunten Europäer, dass diese »Yankees« schon zur Frühstücks-Pie Käse aßen und ihre *à la mode*-Pie gar noch krönten mit …

A Corned beef

B Vanille-Eiscreme

C Ketchup

WAS TUN TISCHDECKER GANZ FACHGERECHT, WENN SIE SERVIETTEN ZU FORMEN FALTEN?

147

Tuchversuch

En serviette ist ein Nostalgiebegriff fürs Kochen, Dekorieren oder Anrichten in oder auf einer Serviette. Beim Serviettenknödel ist es unerlässlich, beim feineren Servieren von Backkartoffeln oder Pommes frites attraktiv. Erstaunlich ist, wie grob im Fachjargon gelegte und gebügelte, früher extrem gesteifte Servietten beim Show-Falten offenbar angefasst werden müssen. Geübte Hände sollen sie dazu nämlich fachsprachgerecht …

Verfaltung zum 3D-Effekt: Servietten in bester Paradeaufstellung machen schönste Tafelfigur

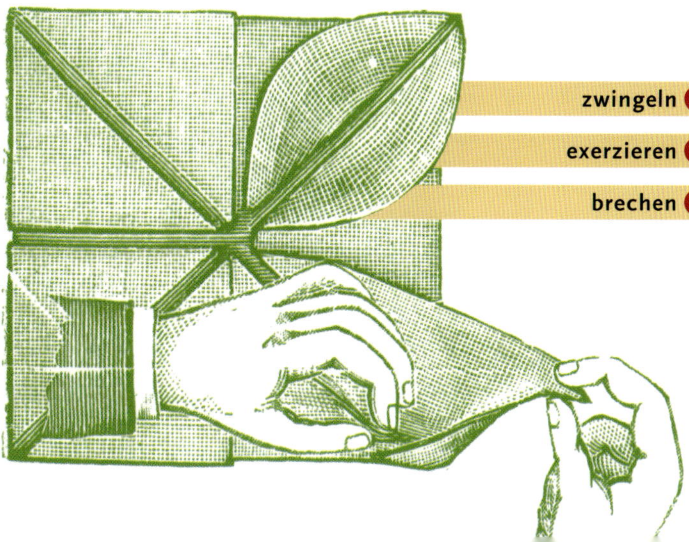

zwingeln **A**

exerzieren **B**

brechen **C**

Welches Küchenkraut aus dem Osten machte in westlicher Béarnaise seine Karriere?

148

Drachensachen

Dieses Kraut kam aus Russland und machte schon im Mittelalter Karriere bis ans Mittelmeer, von wo es dann provenzalisch veredelt über Frankreich nach Mitteleuropa zurückkehrte. Die Griechen nannten das wurzelgesichtige Gewürz *dragon*, also »Drachenkraut«, seitdem hat es viele andere Namen. Selten noch charakterisiert es pur einen »Kaisersalat«, aber als *herbe fine* oder eines der *herbes de provence* ist es neben Schalotten, Pfefferkörnern sowie Petersilie eben unverzichtbar in einer Sauce béarnaise, nämlich …

A Estragon

B Liebstöckel

C Thymian

Ein Geschenk Russlands: Ein sogenanntes feines und sogenanntes provenzalisches Gewürz

WAS BRAUCHEN DENN FRISCH GEPFLÜCKTE OLIVEN, UM SERVIERFÄHIG ZU WERDEN?

Zartmacher

Entbittert, zermürbt, verzartet: Erst dann schmecken Oliven

Oliven sind schlecht vom Baum zu naschen, denn dann sind sie eine ölige und bittere Enttäuschung. Genießbar werden sie von alters her erst durch einen Gärungsprozess, der ihnen die Bitterstoffe entzieht und das sortentypisch pikante Fruchtfleisch mürbe bis zart macht. Danach erst kommen Oliven in eine Salz- oder Würzlake. Vorab werden die grünen, also unreiferen Früchte bis zu drei Monate, die reiferen schwarzen weniger lange eingelegt in eine …

Wasserstofflauge A

Sodalösung B

Essigmischung C

WELCHES BAD GÖNNEN RADIESCHENSCHNITZER IHREN BLUMIGEN KUNSTWERKEN?

150

Radieschenröschen

Mit Trick: So gelingen gegenläufige Radieschen-krümmungen

Sie sind zu gern Zierde von Buffetauslagen, sie schmücken Käsebretter, thronen auf Salaten und werden da wegen ihrer Knackigkeit zu gerne stibitzt. Solche hübsch gekerbten Röschen von Radieschen sind rasch geschnitzt – ein professioneller *rose cutter*, also ein patenter »Radieschenverzierer«, hilft dabei. Aber sie werden nur mit einem uralten Trick zur dekorativen, nach außen biegenden Entfaltung gebracht. Die eingeschnittenen Radieschen wollen dazu baden in …

A Salzwasser

B Heißwasser

C Eiswasser

WAS KOMMT AUF HAWAII DABEI HERAUS, WENN VOR DEM SCHMAUSEN EIN LOCH GEGRABEN WIRD?

151

Grubenkost

Wenn es gebackene Bananen, Süßkartoffeln und Taro gibt, fehlt nur noch die Portion Fleisch aus dem improvisierten Spezialofen *imu*. In einem Erdloch werden dazu Steine über Holzfeuer erhitzt, in der Grube wird dann ein ganzes, zuvor gut gewürztes Schwein im Bananenblättermantel gegart. Diese hawaiianische Köstlichkeit nennt sich …

Gästegeste: Wenn Hawaiianer ihren Inselboden löchern, soll was ganz Leckeres gebacken werden

Wiki BBQ **A**

Kalua pig **B**

Aloha roast **C**

WODURCH LASSEN SICH INHALTE FORMVOLLENDEND MIT EINER TEIGHÜLLE TARNEN?

152

Foodverhüllung

Nicht immer sind nackte Produkte, egal ob blanchiert oder frittiert, allein schon ansehnlich genug für den Teller, manchmal reizen sie – eine uralte Lebenserfahrung auch in der Küche – bekleidet viel stärker zum Vernaschen. Einfaches Beteigen ist einer der Tricks, etwas appetitlich zu bemänteln, was darunter besser schmeckt, als es aussehen würde. Praktischerweise wird diese »äußerliche« Zubereitung aus der ausgelegten Form gestürzt. Im Deutschen heißt der aus dem Küchenfranzösisch übernommene Trickbegriff …

- A vestisieren
- B chemisieren
- C kamuflieren

Gnädige Beteigung: Der schöne Effekt macht außen hui, was innen pfui – so wurden auch Max & Moritz genießbar

WORIN GERATEN
MAROKKOS LANDESTYPISCHE GERICHTE
SO AUTHENTISCH GUT?

153

Sonderdeckel

Marokkos arabische Nomaden waren da pragmatisch: Ihre flachere »Bratpfanne« mit dem hohen Spitzkegel-Deckel, beides aus gebranntem Ton, hatten sie parat, wo immer ein Holzkohlenfeuer glomm. Auch noch so zähes Fleisch wurde darin im Gemüsesud und durch Dampfzirkulation bei stundenlangem Köcheln zart und dabei perfekt von allen Gewürzen durchdrungen. Beim Servieren von Zitronenhühnchen, von Fleischbällchen mit Tomaten oder von Lamm mit Pflaumen und Mandeln wurde einfach der dekorative Kegeldeckel am kalten Knauf abgehoben. Diese arabische »Pfanne« heißt wie auch jedwedes Gericht daraus …

Arabisches slow cooking: In solchem Tongerät gerät alles weich

Tagine/Tajine **A**

Harissa/Hariss **B**

Odscha/Odja **C**

WAS SAGEN VERSNOBTE US-AMERIKANER, WENN SIE ROSÉ NICHT SAGEN, ABER TRINKEN WOLLEN?

154

Pinkishness

Farbenspiele: Mal kein Roter, und mal kein Weißer aus Kalifornien, aber ausdrücklich auch kein Rosé

Durch »Weißkeltern«, also das Abpressen von roten Beeren ohne ihre farbgebende Schale, entsteht ja ein Rosé, der in kalifornischen Yuppie-Kreisen als derart spießig galt, dass ihnen die marketingstarken Winzer lieber einen *white* etikettierten, auf dem der ins Rosa dunkelnde Farbton des »erröteten« Weins höchst kreativ neu bezeichnet wurde, nämlich mit dem Modewort …

A Flush

B Blush

C Clash

Wie heissen Scheiben von Fisch, wenn sie dem Trancheur besonders dünn gelangen?

155

Abschnittsweise

Ein »Stück Fisch« klingt und schmeckt so auch nicht, eine »Scheibe« macht den Abschnitt nicht besser, und ein »Stück Steak vom Stör« wäre doch ziemlich gewöhnungsbedürftig. Dabei hat die Fachsprache der Köche doch ihr schönes Wort

Mal dick und mal dünn: Für jeden Ab- oder Zuschnitt gibt es einen Fachbegriff

la dulle **A**

la dolle **B**

la dalle **C**

aus dem Altbretonischen, das seit 1505 ein Stück oder Fragment meint: die sogenannte *darne*. In der Fischküche ist die *darne de saumon* eine dicke Lachsschnitte, ein Lachsmittelstück also, auch Seehecht oder Thunfisch liefern beste *darnes*. Und auch das dünnere Stück hat als *escalope* seinen ganz eigenen Fachnamen, es wird tranchiert als …

Womit bekommt man gut Holz in der Küche wieder gut hin?

156

Fleckendeckend

Holzküchen kamen in den 1970er Jahren groß in Mode, und möglichst rustikale wie praktische Arbeitsplatten und Holzbretter gehörten dazu – ihre allmähliche Verfleckung aber war ärgerlich. Auf modernen Oberflächen sorgten »Scheuersand und Bürste« nach alter Art nicht etwa für Makellosigkeit, oft für das Gegenteil. Dabei wird verflecktes Holz ganz einfach »blondiert«, mit …

Gut Holz: In der Küche ist es so praktisch wie leidensfähig, altgedient lässt es sich erhellend behandeln

A Essigsäure (10 %)

B Zwiebel-Zitronensaft (je 50 %)

C Wasserstoffsuperoxyd (30 %)

Welches Marketing-Wort zähmte erst ein lindwurmwahres Fernostgemüse?

157

Drachenzahnsaat

Die chinesische Besonderheit zog anno 1969 erstmals in Deutschland ein Gemüsebauer an der Unterelbe aus seinem Acker. Aber niemand wollte die gelungene Ernte haben. Erst nach einigen Jahren setzte plötzlich die Nachfrage ein, weil es sich herumgesprochen hatte, dass die Marktfrau niemanden damit verkohlen oder salatsatt machen wollte. Der als wörtliche Übersetzung propagierte Beiname »Zahn vom weißen Drachen« machte das neue Gemüse nicht gerade populär – heute kennen wir es als …

Weit hergeholt: Was der normale Konsument nicht kennt, das findet er erst einmal ganz ungeheuerlich

Chinakohl A

Spitzkopfsalat B

Selleriekohl C

Wohinein speien professionelle Weinverkoster ihr Probemundvoll?

158

Schluckverbot

Paradetrunk: Bei Weinproben herrscht schnell mal schluckschwere Not, weshalb das Ausspucken erleichtert wird

Degustationen würden öfter zu Gelagen ausarten, wenn alles Probierte auch geschluckt worden wäre. Doch Weinprüfer schnüffeln und schlürfen lieber und spucken ihre meist vollmundigen Schlucke wieder aus – in zünftigen Probierkellern auf seitliches Stroh und in gehobeneren Weinkreisen in die Sektkübel oder lieber noch in einen speziellen, gegen Einblicke randdicken Spucknapf. Der heißt in feinen Kreisen fachlich …

A Crachoir

B Probeur

C Spitteur

Wofür sind Mallorcas schwarze Schweine ausser für den Schinken berühmt?

159

Wurstrettung

Die schwarzen Schweine Mallorcas lieferten jahrhundertelang die fettspezifische, süßfleischige Wurstmasse, die je nach engem oder weitem Abschnitt des Schafdarms luftgetrocknet unterschiedlich reifte, schmeckte und dann sogar streichbar war. Seit 20 Jahren erst ist diese Delikatesse in Lang-, Ring-, Keulen-, Brot- oder Kugelform wieder ein Inbegriff für Feinschmecker als …

Schöne Erweichung: Manche Würste der Balearen sollen gar nicht schnittfest sein

porcinito A

sobrassada B

chorizo C

Wie heisst die Fiesta, bei der die Paella eine riesengrosse Rolle spielt?

160

Pfannenriesen

Erstlingsrecht: In Valencia soll die Paella erfunden worden sein, auf jeden Fall kommt sie dort einmal im Jahr ganz riesig raus

Das lassen sich die Valencianer nicht nehmen, dass sie die *patella*, das platte Opfertablett der Römer, als Erste zur *paella* machten und auch gleich die obligate Auflage, garniert auf Safran-Reis, kreierten: Huhn, Kaninchen, Schnecken, grüne und weiße Bohnen, Bohnenkerne. Dazu muss die Paella-Pfanne schön randflach und groß sein, damit sich durch breites Verdampfen am Rand und auf dem Boden eine pikante Kruste bilden kann – das in Valencia sogenannte *socarrat* (wörtlich »Angebranntes«). Und wenn die Valencianos vom 15. bis 19. März mit Umzügen und Verbrennen von aufwändigen Holz-, Pappmaché- und Wachspuppen und viel Feuerzauber ihren St. Josephstag feiern, dampfen in der ganzen Stadt riesige Paella-Pfannen. Diese traditionelle Fiesta heißt …

- **A** Valencos
- **B** Paellana
- **C** Fallas

Womit können uns frisch geöffnete Bierflaschen erschrecken?

161

Schaumalbtraum

Das Phänomen, dass uns eine Flasche wie Dose gleich nach dem Öffnen unstoppbar überschäumt, ist weitgehend unerforscht. Es ist vermutlich ein Abfüllfehler, weil Mikroblasen von zugesetztem CO_2 sich unter die natürlichen, viel größeren mischten. Sie wirken später wie Kondensationskeime und reißen so bei Druckabfall die ganze Kohlensäure schlagartig nach oben. Dies schäumende »Überlaufen« heißt vornehmer …

Flushing A

Gushing B

Washing C

Banger Moment: Kommt nach dem Abhebeln des Kronkorkens das Schaumbad?

Weswegen sind wir bis heute dankbar, dass mal ein Labor in die Luft flog?

162

Knalleffekt

Anno 1901 flog dem Lebensmittelforscher Alexander P. Andersen an der Columbia University die Laboranlage um die Ohren. Er hatte Teströhren mit Körnern versiegelt und erhitzt – und ungewollt entdeckt, dass ihm durch das Feuerwerk wunderbar veränderte Stärke auf den Boden regnete. Schon bald darauf begann er, der Siegeszug von …

Puffreis A

Cornflakes B

Popcorn C

Haarsträubend: Vor 100 Jahren war manches, das schief ging, gerade eine tolle Entdeckung

UM WAS HERUM SITZT MAN, WENN IN DER SCHWEIZ KÄSEFONDUE ANGESETZT WIRD?

163

Tunkkäse

Dass es sogar Asterix bei den Eidgenossen schmeckte, spricht für das Käsefondue als Schweizreiz. In Weißwein mit Kirschwasser geschmolzener Gruyère und Emmentaler wurden schon im Comic als sämige Masse über einem Rechaud heiß gehalten, um erst an den Brotbrocken zu erstarren. Der ausgeknofelte flache Steinguttopf fürs Käsetunken nennt sich in der Schweiz nach einem hellenischen »Kochgeschirr«, nämlich …

Nur zum Dahinschmelzen: Spezialtopf für Fondue von den Schweizern

Käslichútra **A**

Caquelon **B**

Tsúkali **C**

Mit welchem Instrument wird bei Zitrusfrüchten die Haut-zur Hauptsache?

164

Hautsache

Die Franzosen können sich ja nicht einmal selbst erklären, woher sie schon seit 1600 ihr gewisses Wörtchen für das sogenannte Nusshäutchen haben, aber den Engländern gefiel diese Bezeichnung für Dünnhäutigkeit so sehr, dass

Schabetechnik: Zitrusfrüchte haben intensivste Aromen in der Außenhaut, an die es heranzukommen gilt

A Peauleur

B Pileur

C Zesteur

sie es fortan auf eine spezielle Zitrusfrucht und dabei ganz äußerlich anwandten. Nur eine Spur davon genügt ihnen für hoch pikante Würze. Zur kompletten Küchenausrüstung gehört deshalb der spezielle Schäler solcher Feinaromaträger, und der heißt im Spezialgeschäft …

Wie hieß einst die Kunst des Geniessbaren als reiner Augengenuss?

165

Kunstfutter

Tafelfreuden sind vergängliche Vergnügen, deshalb sind sie im Wiederholungsfall immer wieder ein Genuss. Das reizt den Koch als Dekorateur mit Minutenwirkung und auch manchen Künstler mit Ewigkeitsansprüchen. Einige haben sich

Galeriesenwirbel: Eine Zeit lang waren sogar Essbarkeiten eine ansehnliche Sache des Kunstmarktes

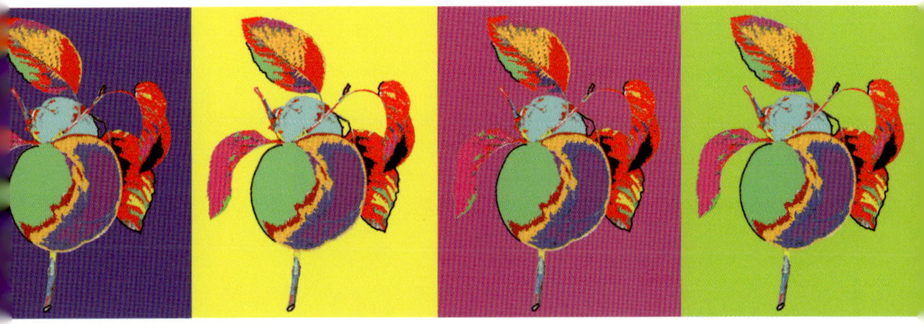

deshalb an Food versucht und seit 1968 damit Kunstwerke ausgekocht, gebacken oder arrangiert. Diese »Richtung« mit nur begrenzter Haltbarkeit nannte sich damals …

Eat Art A

Cuisine qua non B

Kitchenkitsch C

Wie tragen Neapolitaner ihre Pizza auf Händen nach Hause?

166

Ehrensachen

Original oder nur originell: Neapel will die ehrenwerteste Pizza aller Pizzen backen

Die Pizza will man im alten Neapel erfunden haben, diese »Neustadt«, denn nichts anderes meint der Stadtname. Dort ließ man sich deshalb die angebliche Originalversion 1984 schützen und hieß sie nach Rezept mit Ehrenkodex backen, als *Vera Pizza Napoletana*. Auf so eine gehören frische Tomaten, der echte Büffel-Mozzarella und Basilikumblätter. Außerdem gibt es die »Pizza-to-go« – wohl wegen der engen Altstadtgassen – wunschgerecht *a portafoglio*, nämlich …

A gewickelt

B geviertelt

C gefaltet

Welcher Beiname für einen Zulanger hat auch einen maßlosen Beigeschmack?

167

Schmachtschmecker

Appetit kommt und geht, und das ist gut so. Denn nur um so dankbarer werden erhoffte Küchenwunder erlebt, wenn der kleine Hunger kommt. Manche Menschen aber haben stets einen Bärenhunger, wollen dauerschlemmen und werden niemals satt. Für ihren Mordshunger lassen sie schön nacheinander in schönsten historisierenden Schlemmereien Frösche, Stubenküken, Fasane, Karpfen, Kälber, Schweine und Ochsen umbringen – jedoch nie den Magenknurrer. Genießer möchten ihm nicht gegenüber sitzen, so einem gierigen …

Hat nie genug: Dafür hat so ein Schlinger seinen ganz eigenen Namen

A Gourmeur

B Gourmang

C Gourmand

Womit lässt sich ein Chili-Malheur mit seiner höllischen Schärfe entteufeln?

168

Feuerlöscher

Den Mund verbrennen: So manche Chilischote tut es, aber man kann im Notfall etwas dagegen tun – aber nur das Richtige

Das Knabbern von Chilischoten ist oft eine Mutprobe, wenn niemand garantiert, dass es womöglich Habanero-Schoten sind, die 100.000 bis gar 500.000 Scoville-Einheiten Schärfe haben (»Tabasco« hat nur 2.500–5.000). Fehlbisse überfordern vor allem unsere Wärmereiznerven im Mundraum und melden ein katastrophales Brennen, alle anderen Rezeptoren kapitulieren, die Lippen schwellen, die Atmung stockt. Falsch wäre es, jetzt allzu langsam verdünnendes Wasser zu trinken, Brotkauen kann eher helfen, wohl auch eine 10-prozentige Zuckerlösung. Am besten aber wirkt etwas ganz anderes, denn derlei Teufelsschärfe durch Capsaicin ist nur löslich in Alkohol und noch in …

A möglichst Ölig-Fettigem

B möglichst seifiger Lösung

C möglichst frischem Zwiebelsaft

Wie heisst der kulinarische Grat, der innerschweizerische Geschmäcker typisch trennt?

169

Grenzfall

Den Unterschied erkennen: Wo Geschmacksunterschiede Grenzfälle sind, muss ein Name dafür her

Kultur- und Mentalitätsgrenzen haben ihre deftigen volkstümlichen Namen: Gibraltarbriten trennt ein »Garlic wall« von Spanien, ein »Weißwurschtäquator« teilt Deutschland, wo ein »Speckgürtel« Stadt von Land abschnürt. So ähnlich lästern die Deutsch- und Westschweizer über ihre eben nicht allein kulinarischen Differenzen diesseits und jenseits …

des Greyezergrats **A**

des Röstigrabens **B**

der Schnetzelgrenze **C**

WELCHEM EINTOPF IST ES EGAL, IN WELCHER REGION ER ZUBEREITET WIRD?

170

Rezeptverschleppung

Überregional: Manchmal macht auch ein lokaler Eintopf landesweit Karriere

Ein berühmter Gemüseeintopf mit Rindfleischwürfeln hat seinen bislang ungeklärten Namen: Norddeutsche Zecher könnten ihn getauft und das Rezept nach Bayern verraten haben, wo ein fast namensgleicher Ausflugsberg im Bayerischen Wald dafür vereinnahmt wird, dass dort zu Beginn des 19. Jahrhunderts »a Hütt'nwirtin« den köstlichen Kessel Buntes mal improvisiert haben soll als …

A Lübecker Topf

B Brockensuppe

C Pichelsteiner

Welchen Urgeschmack sahen Japaner ab 1994 durch Importware bedroht?

171

Fremdkost

Der 21. März 1994 wurde ein Schicksalstag für Japan. Der Kaiserliche Palast verkündete, nun hätte ein Auslandsprodukt den Weg auf die allerhöchste Tafel gefunden; das Parlament beschloss sogar, das fremde Erzeugnis müsse fortan zu 20 Prozent in jeder Verpackung sein. Mit sehr spitzen Stäbchen fasste Nippon nun was an?

Algen aus Surinam **A**

Reis aus den USA, China, Thailand **B**

Fisch für Sushi aus Korea **C**

Welch Nationaltrauertag: Über Nacht hatte Nippon an Importen schwer zu schlucken

Wer liess zum ersten Mal Sterne am Gourmethimmel aufgehen?

172

Sternalter

Himmlische Idee: Besternung der jeweils Allerbesten

Die Vergabe von einem »Stern« oder gleich mehreren für Hervorragendes hatte 1926 nicht der rote »Michelin« für exzellente, zunächst nur französische Restaurants vergeben. Die Besternungen erfand uns ursprünglich ein Nachschlagewerk für seine zitierten Highlights, die anno 1846 allerdings noch nicht so hießen, im …

A Baedeker

B Brockhaus

C Adelskalender

WOFÜR MÜSSEN ABGEBRÜHTE TEEKENNER TIEFER IN DIE TASCHE GREIFEN?

173

Teetheater

Wenn der regionale Frühling Teebüsche ausschlagen lässt, ziehen die Blattzupferinnen zur ersten Lesung des *first flush* durch die Reihen. Was sie da ernten, sind die aromatischsten aller Teeblätter, welche dann in bis zu 70 Pflückungen weitergeerntet werden. Die absolute Nr. 1 auf hohen Rechnungen oder wertvollen Teetüten ist den Kennern der *first flushs* viel wert, und sie zahlen auch gern ganz erheblich mehr für diese ...

Schöner Kult: Das Erstgezupfte an brühbaren Blättern ist auch das Feinste und Teuerste

Flugtees A

Early Greens B

First Leaves C

Bei wem spielen flache Brote gern mal Löffel- und Gabelersatz?

Plattbrot

Genusswerkzeug: Solche flachen Scheiben sind schöne Knabberbacklinge oder eintauchbare Suppentester

Wozu kann purer Weizen reizen? Zum einfachsten Backtrick: Zu Vermehlung, zu feuchter Durchknetung ohne jedes Backtriebmittel und Ausbacken von flachrunden Scheiben. Dort, wo das Mehl dafür *atta* heißt und die Backpfanne *tava*, schmeckt der simple Brotflächling heute noch als *chapati* oder *roti* pur und dient gerollt gern als Löffel oder Suppenstipper. Über der Flamme aufgebacken bläht sich so ein *roti* zum dickeren *phulka* – und all dies liebten schon …

A die alten Perser

B die alten Azteken

C die alten Inder

Womit dippt und stippt es sich so originär provenzalisch?

175

Mörsermix

Für Gourmets fangen Genüsse in der Provence meistens mit einem provinztypischen Dip für ihre *crudités* an: Kapern, entsalzte Anchovis, schwarze Oliven werden zur Paste zermörsert und mit Olivenöl, Zitronensaft, Gewürzen und wenigen Tropfen Cognac, manchmal mit Thunfisch, Senf, Knoblauch oder Thymian verfeinert. Diese streichbare Köstlichkeit auf Toast, auf Eihälften oder zu Fischigem vom Grillrost heißt nach dem Provence-Urwort für Kapern …

Caperade **A**

Tapenade **B**

Diperade **C**

Dip-it: Solche Paste passt bestens zu gewissen Genüssen in der Provence

WIE TAUFTEN SPITZZÜNGIGE BAYERN IHREN ZÜNFTIGEN LEBERKÄS ZIELGRUPPENGERECHT?

176

Scheibenspott

Fehlt nur Bier: Solche Scheiben vom Laib sind inbegrifflich bayerisch

Die Brühwurstmasse in Form eines Laibes Brot, der meist gar keine Leber enthält, ist eher eine grobe Fleischwurst oder gar ein Roter Fleischkäse, allemal aber lecker und sättigend genug für eine Mahlzeit: der Leberkäs. Das Image als Arme-Leute-Essen bescherte ihm in Bayern aber bald einen Spitznamen, der bis heute lautet …

A Hungerpate

B Beamtenripperl

C Schlosserscheibe

Womit verglichen frühe Chefs das unentbehrliche Spitzsieb?

177

Spitzfündigkeit

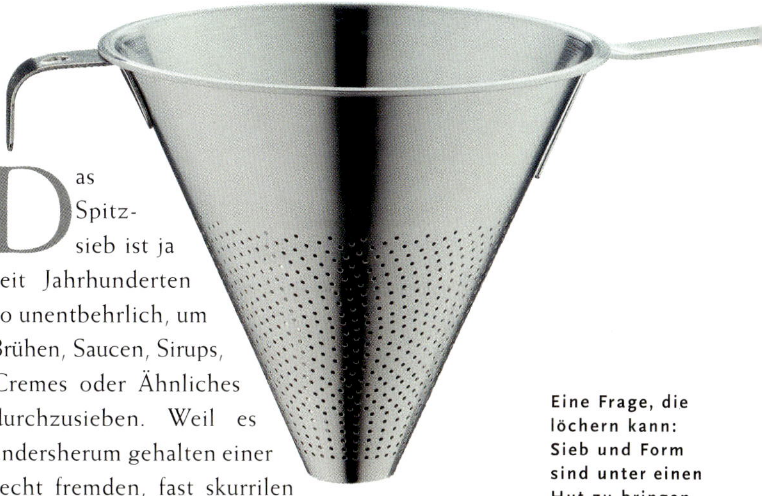

Das Spitzsieb ist ja seit Jahrhunderten so unentbehrlich, um Brühen, Saucen, Sirups, Cremes oder Ähnliches durchzusieben. Weil es andersherum gehalten einer recht fremden, fast skurrilen Kopfbedeckung gleicht, bekam es in der französischen Küche seinen internationalen Namen …

Eine Frage, die löchern kann: Sieb und Form sind unter einen Hut zu bringen

Chinois A

Chapeau magic B

Arabesque C

Was sagen Probierer, wenn sie mit der Nase auf etwas Ungeniessbares stossen?

178

Ruchbarkeit

Noser riechen es sofort: Stimmt mal etwas nicht, haben sie ein vernichtendes Wort dafür

A Naff-Nase

B Muff-Faktor

C Off-Flavour

Viele oder schon einzelne Köche verderben den Brei. Manchmal aber auch die Zutaten, wenn sie Fremdgerüche enthalten, ranzig, stinkig, gärig wurden oder noch in Ansätzen mit Aminen oder gar Schwefelwasserstoff feine Nasen beleidigen. Fachleute fällen, ehe sie schließlich »Weg damit!« sagen, ihr analytisches Urteil: »Negative Geruchs- oder Geschmacksabweichung!«. Sie haben dafür auch den Fachbegriff …

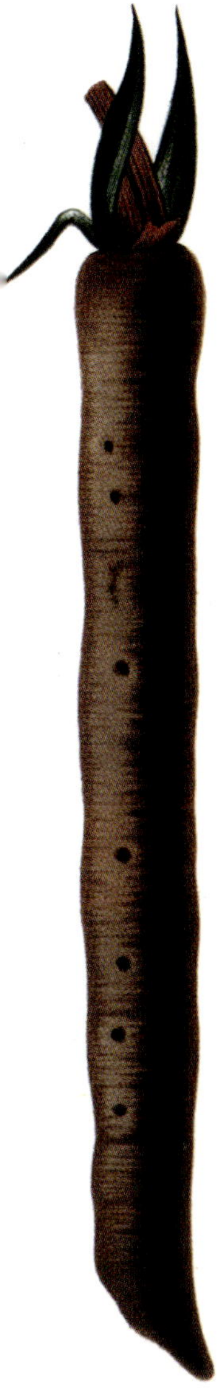

Was weckt im Winter unsere Spargelliebe?

179

Weißschwarz

Nach dem Maispargel kommt die Zeit des Winterspargels, der bitterzarten Schwarzwurzel, die immer beliebter wird und ihren Ruf verbessert. Gourmets nennen sie »Gemüseauster« oder wie die Franzosen *salsifi*, Eingeweihte *scorsonère* nach der spanischen *scorzonera*. Spezialisten und alle Allesprobierer schwärmen für diese in Deutschland seltener angebotene Wildform aus Feuchtwiesen, die zuerst ganz hell aus der Erde kommt. Diese so weiße Schwarzwurzel heißt bei uns auch …

Lust auf Sprosslinge: Nach der Spargelsaison ist die Zeit all der anderen Emporkömmlinge

Hexenfinger **A**

Bocksbart **B**

Moormöhre **C**

Wo wurde
ein Pott zum universalen
Nationaltopf?

180

Retrotopf

Als die Buren einst noch treckten, zog stets ein gusseiserner Henkeltopf auf drei Beinen mit. Was immer in ihm schmorte, garte bequem stundenlang auf dem Feuer und wurde köstliches Geflügel oder bester Eintopf. Auf der Holzkohle oder an seinem Tripod über der Feuerstelle schwebend ist der *potjiekos* (sprich »boykies«) oder nur *potjie* bei Picknicks heute allgegenwärtig und als »Kesselpott« schon beliebtes Touristen-Mitbringsel …

Eiserne Tradition: Der holländische Topf hat in den alten Kolonien eine kulinarische Karriere gemacht

A aus Südafrika

B aus Indonesien

C von den Antillen

Wo begann noch jede Millionärskarriere eines Tellerwäschers?

181

Aufstiegsplatz

Profiküchen machen reich – wenn man sie verlässt. Man muss nur als Tellerwäscher angefangen und mit Abbrausen, Vorreinigen, mit Spülen und Abtrocknen den ersten Euro, den ersten Dollar verdient haben. Solche Karrieren beginnen meist in einem separaten Raum, nur in engen Küchen in einer abgeteilten Ecke. Dieses kleine Bereicherungs-Reich hoffnungsvoller Tellerwäscher heißt in der Küchen-Fachsprache ganz pragmatisch …

Steriloir **A**

Empire d'eau **B**

Plonge **C**

Leckereien: Auch völlig abgeschleckte Teller müssen noch in den ganz speziellen Abwasch

WELCHE FINNISCHE SPEZIALITÄT BEKAM IHRE GESCHÜTZTE EU-SONDERSTELLUNG?

182

Schmeckschutz

Armes Finnland! Es ist so reich an leiblichen Genüssen und Spezialitäten, und es konnte sich doch von der EU bisher nur für ein einziges Landeserzeugnis eine Herkunftsbezeichnung schützen lassen: *Lapin Puikula* heißt das Produkt aus Rovaniemi, das so bodenständig und so einzigartig schmeckt, dass es tatsächlich zu den nordischeren Delikatessen zählt. Dabei ist es eigentlich nur eine …

Suomi-Stolz: Als wahre Nordgourmets haben Finnen immerhin eine g.g.U.-Delikatesse

A Finnische Binnenseealge

B Samische Renkitzkeule

C Suomi-Kartoffelknolle

Womit verwirrt der »El Bulli«-Koch Adrià gezielt die Geschmacksempfindungen?

183

Schaumschläger

Unsere Geschmacksknospen sind feinfühlig und danken für jede zarte Behandlung und verdünnte Zufuhr mit Schwelgerei aus dem Assoziationsgedächtnis. Deshalb können gekonnte Sorbets, Mousses und Aufgeschlagenes auch so intensiv schmecken. Spaniens Kochrevolutionär Ferran Adrià machte die Aromenluftigkeit zur Methode und seine hocharomatischen Schäume oder Pürees in Gelatine zu neuen Essenzträgern. Inbegriff für seine experimentelle Küchenalchemie im »El Bulli« ist deshalb das luftbläschenreiche Modewort …

espuma **A**

torbellino **B**

ventilación **C**

Aromen gleich löffelweise: Molekularkoch Adrià zaubert mit konzentrierten Miniportionen

Mit welchem Titel schmückt sich der Könner hinter der Espressomaschine?

184

Kaffeefeen

Beim Espresso pressiert's ja: Geschwindigkeit ist seine Hexerei, und der Hexer hat einen Namen

Er könnte Maestro heißen, so ein Künstler an traditionelleren Kaffeemaschinen, die noch nicht voll automatisiert sind. An den echten Druck- und Dampfmaschinen geht es um das Fingerspitzengefühl für Dosierungen, Einstellungen und Portionierungen, um die Luftfeuchtigkeit, den Luftdruck und damit um die ständig wechselnde Kaffeemehlmenge und deren »Eindrückung« mit dem *tamper*. All dies muss aussehen wie feinmechanische Routine und reinempirische Nonchalance – wie Zauberei mit Hingebung. Deshalb hat der Brühprofi die stolze Berufsbezeichnung …

A Espressionista

B Barista

C Caffèmàgica

AUS WELCHER IMPROVISATION WURDE EINE WAHRE INNOVATION FÜR GOURMETS WELTWEIT?

185

Verdünnisiert

Weil Giuseppe Cipriani 1950 in seiner »Harry's Bar« in Venedig die Comtessa Amalia Nani Mocinego zu Gast hatte, die ihm klagte, ihr Arzt habe ihr gekochtes Fleisch verboten, improvisierte Cipriani und kreierte ihr einfach rohes *carne*, nur leicht mariniert und in ganz speziellem Zuschnitt. Deshalb und mit dem berühmten venezianischen Namen, den Cipriani kurzerhand dafür erfand, wurde diese Vorspeise weltberühmt und kommt seitdem nicht nur als Fleisch auf den Teller – immer aber als …

Armaretto A

Carpaccio B

Carnaletto C

Spontanname: Der spezielle Wunsch einer einzelnen Dame wurde zu einem globalen Gourmet-Hit

Wo gab denn ausgerechnet Erbsensuppe Einheimischen den Spitznamen?

186

Suppenstädter

Eine Kapitale mit Spezialduft: Hier ist Erbsensuppe mit Knofel regionaltypisch

Man nehme gelbe Erbsen, bereite daraus eine Suppe mit Schinken – und fertig ist fast schon ein Nationalgericht. Diese *soupe aux pois* ist in der Hauptstadt einer Provinz so beliebt, dass die deswegen öfter knofelduftigen Einheimischen auch ihren Spottnamen nach diesem Gericht bekam. Diese »Erbsensuppler« leben in …

A Québec

B Brügge

C Lille

Welche Regel der Nouvelle Cuisine könnten auch ihre Gegner unterschreiben?

187

Nouvellewelle

Seit 1973 hat die Nouvelle Cuisine die Haute Cuisine revolutioniert und mit zehn strengen Geboten zu Minimalisierungen provoziert, viele Küchenroutinen beendet, auf den Kopf gestellt oder interessant reduziert. Pro »NC« wurde manch *chef* zum Puristen und mancher zum Entwickler am Herd, ihr Contra machte Traditionalisten und sogenannte Junge Wilde zu Ignoranten. Doch das Gebot Nr. 10 gilt wohl nach wie vor für alle – es lautet:

Du sollst modern sein! (A)

Du sollst für Frankreichs Ehre kochen! (B)

Du sollst erfindungsreich sein! (C)

Herdrevolution: Glaubenssache in der Küche mit 10 Geboten

Welchem Nachbarn zollen Russen mit ihrer Bigos-Lust Respekt?

188

Ostlust

Schwer zu beschreiben sei jenes Wunder des *bigos'*, schwärmt auch der Nationaldichter des Landes: »Wie köstlich der Duft, seine Farbe!« Mit den neuen EU-Ländern werden auch viele bisherige Spezialitäten aus dem Osten zu Normalitäten wie eben *bigos*, dieses Krautgulasch aus allerlei Wurst, Speck, Pilzen, Weißkohl, Sauerkraut sowie Wild samt pikanten getrockneten Pflaumen für den süßsauren Reiz. Dieses *bigos* ist ganz typisch für …

364. БИГУС ПОЛЬСКИЙ

Свежую или квашеную капусту тушить так же, как и для солянки сборной мясной.

Обработанную домашнюю птицу и дичь сварить или обжарить, удалить кости, а мякоть нарезать ломтиками.

Жареную свинину, телятину, вареный язык также нарезать ломтиками и слегка обжарить, влить томатный соус, добавить мелко нарезанный пассерованный репчатый лук, каперсы, огурцы, вино (мадеру) и тушить 12—15 минут.

При подаче тушеную капусту положить горкой на мельхиоровую сковороду, на капусту — ломтики подготовленных мясных продуктов и полить соусом, в котором тушились мясные продукты. При подаче бигуса на несколько человек вокруг горки капусты уложить ломтики мясных продуктов и посыпать зеленью.

Набор продуктов такой же, как для солянки сборной мясной с соответствующей заменой одних мясных продуктов другими.

A Polen

B Slowenien

C Lettland

Nachgekocht: Bigos-Rezepte stehen sogar in den russischen Kochbüchern

Welche zwei Buchstaben dürfen auf keinen Fall an einen Dresdner Stollen?

189

Königspflichten

Das Backen der echten Christstollen aus Dresden gilt als »Königsdisziplin der Weihnachtsbäckerei«, der klassische Vierpfünder gar als »königliches Kindlein«. Entsprechend sind die Rezepte mit Hoheitsanspruch: Da leiste man Frondienst mit schierer Sahne und allerbester Butter, verschwende Sultaninen an ihn, gönne einem Stollen Mandeln, dezidiere noch Zitronat, Orangenschale und Muskatblüte, zermörsere Zucker und spendiere den Ehrenschuss Arrak. Nur das eine nicht: Kein Ei! Damit würden Striezel nur …

Echter Dresdner Striezel: Vieles darf da hinein, aber nur eines nicht

trocken **A**

klitschig **B**

bröselig **C**

Welchen Namen hat der gedeckelte Wok der Portugiesen?

190

Muschelmasche

Portugal-genial: Halbkugeltopf mit einem Halbkugeldeckel

An der Algarve werden sehr portugiesische Gerichte wie *ameijoas* besonders lecker, weil Knoblauchwurst (*chouriço*), Schinken, Tomaten, Zwiebeln, Paprika, Knoblauch und Wein sudselig im geschlossenen Kupfertopf nach 15 Minuten zum fünfminütigen Gourmetbad für Muscheln werden. Die innen verzinkten, sonst kupfernen Halbschalen sind muschelartig mit Scharnieren verbunden, schließen damit perfekt und erlauben, den Inhalt kurz durchzuschütteln oder tropffrei zu wenden. Die patente Flachkugel, neuerdings auch mal aus Aluminium, ist die …

- **A** copapanna
- **B** cataplana
- **C** cobrebola

Wie nennen die stolzen Spanier einen stolzen Feinschmeckerbauch?

191

Schlemmerbauch

In Spanien war und ist bestens schlemmen. Seit 1973 werden auch dort Sterne vergeben und von Gourmets bepilgert: 115 *estrellas* wurden es bis 2007, darunter viermal drei, und acht Häuser haben immerhin ihre zwei Sterne. Und der Volksmund hat für den Völlerei-Bauch, der sich gar in Falten legt, längst ein recht männliches Vorbild, das als »Wampe-Wort« herhalten muss. Denn wer in Spanien Bauch hat, der hat …

Wer hat, der hat: In Spanien trägt, wer zu gern der Gourmandise erlegen ist, auch bäuchlings einen Ehrennamen vor sich her

einen suomo **A**

einen sanchopansa **B**

einen michelín **C**

Was darf und muss Italienern bei ihrem Espresso die Zunge pinseln?

192

Zuckertest

Den perfekten Espresso verrät die leicht marmorierte, feinporig schaumige Schicht aus emulgierten Kaffeeölen. Sie sollte mindestens zwei Minuten stabil sein und farblich zwischen Gelb und Marone liegen, wenn sie den Ehrennamen *tònaca di frate*, also Mönchskutte, bekommen will. Beim Test sinkt dann der Zucker auch erst nach zwei bis drei Sekunden hindurch, und die Lücke schließt sich wieder mit sattem Ruck. Und so ein Espresso, sagen Italiener, »pinselt« die Zunge, statt sie wie normaler Kaffee banal zu »umspülen«. Diese so hochgelobte Schicht heißt ganz schlicht …

A strato

B cutta

C crema

Tragfähigkeit: Wenn die kontrastfarbige Schicht auch Zucker trägt, ist alles in Butter

MIT WELCHEM WORT WIRD GEN-FOOD VERDÄCHTIGT UND VERDAMMT?

193

Gruselgemüse

GM-Pflanzen, die also »genetisch modifiziert« sind, schrecken mit neuem Erbmaterial nicht nur Schädlinge ab, sie könnten auch ungeahnte Nebenwirkungen haben, wenn sie unerwartet toxische Substanzen produzieren. Bisher haben diese immerhin Ratten geschadet, was auch die DNS-Manipulatoren selbst schockte. Kritiker nennen deshalb das, was Labore längst und Bauern bald produzieren können, ganz so, wie es der bekanntlich grüne Prince Charles schon 1999 verlästerte, als …

Auch ein Experimentierfeld: Wir wissen nicht, was uns gentechnisch noch alles blüht, oder ob es der Horror wird

Cybertrition A

Frankenfood B

DNEsswaren C

WIE HAT MAN MAL DIE ZIVILISIERTE KULINARISCHE WELT ZWEIGETEILT?

194

Fleischschock

Nationale Kochvorlieben lassen sich stets leichtens glossieren. Der französische Gourmet-Journalist M. Châtillon-Plessis unterschied schon im 19. Jahrhundert recht vorurteilsvoll Nationen mit Vorlieben für ungeschönte Brutalbraten und innen fast roh Belassenes von solchen, welche verfeinernde und verbergende, also saucenliebende Küchenmanieren hätten (*sauce nations*). Damit stand die französische Kochkunst bei ihm höher als die englische, denn letztere wäre typisch für alle diese …

Saucen-Geheimnisse: Sie unterscheiden raffinierte von angeblich unraffinierten Koch-Nationen

A bleeding dish nations

B bloodred nations

C steak nations

WIE UND WODURCH
KOMMT DIE VIELE LUFT
IN EIN SCHON ALTERNDES EI?

195

Eierlüftung

Lüftungsproblem: Auch zu noch ungeöffneten Eiern verschafft sich die Luft Zutritt und verdirbt dann den Geschmack – nach und nach

Frische Eier schmecken eher nicht, erst nach etwa einer Woche Porenatmung bekommen sie das gewisse eiige Etwas. Tagelang schützen dabei äußeres Oberhäutchen wie innere Schalen- und Ei-Membran vor Keimen – bis zu 28 Tage nach dem Legen, was dem Mindesthaltbarkeitsdatum entspricht. Dann verliert das Ei rapide den Schutz, denn es altert, lässt seine Flüssigkeit verdunsten, womit sich die Luftkammer zunehmend vergrößert. Kein Wunder, denn all die mikrofeinen Poren einer Eischale haben zusammen eine Fläche von …

100 Quadratdezimeter **A**

10 Quadratmillimeter **B**

1 Quadratzentimeter **C**

WOMIT WIRD DIE
GRÜNE SOSSE ZAHLENMÄSSIG
ERST ZUR ECHTEN?

196

Zahlenmagie

Bitte nachzählen: Die Grüne Soße in Frankfurt am Main verlangt ein strenges Zutaten-Credo

Das Frankfurter Würtschen ist herkunftsgeschützt, die berühmte »Frankfurter Grüne Soße« aber noch nicht. Bis in den Rheingau reicht ihre Beliebtheit, denn die *Grie Soß* oder das *Grie Sößche* ist ein klassisches Grundrezept mit heiß diskutierten Varianten bis hin zur regionalfremden Zitrone oder kühnen Kräuterergänzungen. Nichts für echte Frankfodder! In wahrer *Grie Soß* zu Fleisch oder neuen Kartoffeln sind an Kräutern für die Strenggläubigen allemal immer nur …

A sieben

B neun

C elf

WOZU PASST BAHARAT PERFEKT UND WANN HAT MAN ES VERDORBEN?

197

Sekundenküche

Es gibt kein Gewürz der Gewürze, immerhin aber eine Mischung, die schlicht und einfach »Würze« heißt. *Baharat* stammt vom arabischen Plural von »Gewürz« und ist ein Vielerlei von Aromen – scharfen wie süßlichen bis hin zum fein gemahlenen Kreuzkümmel und Koriander. Da Chili und Paprika einen kleinen Zuckeranteil in dieses Gemisch bringen, darf es nur sekundenlang heiß angebraten werden, damit ja keine Bitterstoffe entstehen. Dann aber ist das *baharat* perfekt und passt in der Hauptsache ganz ideal zu …

Rind A

Lamm B

Schwein C

Schnellaroma: Manche Gewürze dürfen nur blitzartig mit Hitze provoziert werden

Welches Pioniergericht erinnert US-Volksvertreter an die alten Zeiten?

198

Nationalgeschmack

US-Senatoren haben ihr bis zum Lunch exklusives, aber preiswertes »Senate Restaurant«, Washingtons Kongressabgeordnete das noch günstigere »House Restaurant«. Seit 1901 bzw. 1904 steht ein beliebtes Piniergericht ununterbrochen auf deren Karte, das Senatoren $3.10, Kongressmitglieder $1.50 kostet. Kurz nach der vorletzten Jahrhundertwende hatte Kongressvorsitzender Joseph Cannon für alle Zeiten dieses nostalgische Tagesgericht verlangt. Drei Stunden köchelt es mit dem Fleisch geräucherter Schweinehaxe vor sich hin und wird dann wie eh und je serviert als …

Volksvertretend: US-Abgeordnete können täglich den urtypischen Geschmack der Pionierzeit nachlöffeln, den auch diese kanadischen Cowboys zelebrieren

A Cowboy Bowl

B Bean Soup

C Capitol Chowder

WELCHES IST WOHL
DIE HAUPTSTADT DER GOURMANDISE
MIT VORSPRUNG?

199

Lukulliencity

Auch Franzosen glauben, dass der Magen der Nation in Lyon am köstlichsten zu füllen sei. Immerhin gab es dort anno 2007 16 Sterne. Wie Gott in Frankreich dinieren dagegen überzeugte Belgier in Brüssel mit 22 Sternen. Es geht jedoch noch lukullischer: In einer Stadt mit 83 Sternen. Von diesen sind allein 10 dreifach vergeben, 15 Restaurateure schmücken sich mit 2 Sternen, und 58 Etablissements locken immerhin noch mit einem. Diese Schlemmermetropole ist …

Umkämpfter Spitzenplatz: In Frankreich obliegt die Sterne-Deutung dem Michelin, aber die globale Konkurrenz holt gewaltig auf

Rom A

New York B

Paris C

WAS IST DAS ALTE GEHEIMNIS EINER GELUNGENEN UND VERSCHLUNGENEN BREZEL?

200

Verbrezelung

Verschlingbar verschlungen: Auch solche Bayernbrezeln nehmen vorher ein Spezialbad

Die Bäcker des Mittelalters brezelten gern, rätselten aber auch, wie da beste Bräunung und die Knusprigkeit hinzubacken wären. Schließlich galt als bester Trick ein Rezept, nach dem sie Buchenasche mit Zwiebel- und Eierschalen in Salzwasser aufkochten, um so am Ende mit Backstuben-Alchemie ein ziemlich alkalisches Produkt zu gewinnen. Mit diesem gelangen ihnen durch die Maillard-Reaktion beste Brezeln, denn die selbstgemachte Knusperbraunhilfe war damals schon eine …

A Auslauge

B Laugensäure

C Natronlauge

WAS TUN METZGER MIT IHREN RIESENMESSERN IM ALTMODISCHEN SINNE?

201

Blankwaffe

Theoretisch sind Köche sehr wehrhaft ausgerüstet mit Messer, Hackebeil und schweren Pfannen. Manchmal erinnern ihre Fachausdrücke auch an martialische Zeiten, in denen ihre Gäste noch Fecht- oder Schuldegen trugen. Solche nutzten die Küchensoldaten in Kleinausgabe, um Fleisch oder Speck aus Sehnen, von Häuten oder Knochen zu schaben. Was sie inzwischen mit ihren scharfen Küchenwaffen schaffen, heißt eingedenk des uralten Rüstzeugs noch heute zünftig …

rapieren A

degenieren B

floretten C

Schnittige Zunft: Das Rüstzeug der Küche und der Umgang damit erinnert noch an alte Waffenzeiten

WELCHER SÜDAFRIKANISCHE FISCH KANN AUF EUROPÄISCHEN GESCHMACK BRINGEN?

202

Umtaufe

Fischnamen gibt es wie Sand am Meer, sie kommen mit jeder Modeströmung und gehen bei Nachfrage-Ebbe. Genau wie beim südafrikani-

© SOUTH AFRICAN TOURISM

Restaurant in Südafrika: Snoek bestellen, Augen machen

schen *snoek*, der auch in Neuseeland und Australien als eine spezielle Art Schlangenmakrele schmeckt. *Okisawara* sagen die Japaner zu ihm, als *barrakuda* schmeckt er manchen Globetrottergourmets. *Snoek* schien den frühen holländischen Siedlern am Kap einst der passende Name, denn er erinnerte sie äußerlich an ihren nordheimischen und unseren …

A Aal

B Hecht

C Zander

Was gehört an eine echte Bouillabaisse, von Fischen mal abgesehen?

203

Suppenfinesse

Angeblich eignen sich nach einer Gourmet-Liste von 1895 genau 40 Arten Fisch für eine Bouillabaisse, damals sogar ölige Sardinen, heute eher mal Hummer für den Snob. Anno 1980 unterzeichneten Marseilles Chefs die »Bouillabaisse-Charta« zur Wahrung und Verteidigung der lokalen »echten« Fischsuppe. Natürlich reklamieren die Köche der Provence ihr Erstkochrecht wie viele Provinzen lokale Rezepte: das Roussillon die *bouillanada*, die Bretagne ihre *cotriade* oder die Charente ihre *chaudrée*, von der ja der US-*Chowder* abstammt. Wie immer bouillabaissiert wird – das kleine Geheimnis ist neben manchen regionalen Gewürzen, Fenchelkraut, dem Safran und Nelken oft erst ein Schuss …

Das Urteil ist längst gefällt: Die Flaschen mögen sich noch streiten, aber eine nur gibt der Bouillabaisse die Besonderheit

Absinth A

Schampus B

Cidre C

Wo geben ganz besondere Kirschen am Meer speziellen Honig?

204

Honigbitternis

Ein *dolce* ganz spezieller Art kommt aus der sardischen Küche: *Seadas* oder *sedadas* sind Käseravioli, die mit einem ganz besonderen Honig, dem »Meerkirschenhonig« bestrichen sein sollten. Der stammt von einem nur kurz blühenden Heidekrautgewächs, das es am Mittelmeer in seinen Macchien, verwildert gar in Irland gibt. Dieser Honig von *corbezzolo* (ital.), *madroño* (span.) oder *arbousier* (franz.) schmeckt so bittersüßlich wie herb interessant. Uns schmeckt er eher als Bienenfleiß vom …

A Heidelbeerbusch

B Erikakraut

C Erdbeerbaum

Honigspezialität: Die sardische Meerkirsche liefert uns derlei

Welches Tier stand Pate für ein besonders heisses Küchengerät?

205

Bewappung

Die *crème brûlée* ist leicht zu überbräunen, denn sie braucht nur kurze, heftige Oberhitze. Als es noch keine Spezialöfen dafür gab und auch die kleinen Flammenwerfer für die Küche noch nicht TV-tauglich waren, behalf sich der Pâtissier mit dem rotglühend gemachten, langgriffigen Metallstück, das er zum »brülen« kurz über die *crème* hielt. Im Trinity College in Cambridge wurde dieses Instrument gar auf die deshalb so getaufte *burnt cream* abgesenkt und damit das edle Wappen eingebrannt. Moderne Oberhitze-Herde könnten so was zwar nicht, heißen aber noch genau so wie das alte Überglüh-Eisen nach dem feuerresistenten Mythen-Tier …

Drüberhitze: Ein Spezialgerät erinnert daran, dass es bei einer crème brûlée tierisch schnell gehen muss

- **Salamander** (A)
- **Phönix** (B)
- **Chimaera** (C)

WOMIT KÖNNEN DIE SCHWABEN DEN ITALIENERN ETWAS NUDELWASSER ABGRABEN?

206

Schwabenkroketten

In Deutschland gewälzt: Die Schwaben haben den Gnocchitrick schon lange gut raus

Touristen, die wie die Genuesen geschlemmt haben, schwärmen von *troffie*, den Gnocchi mit Kartoffelanteil. Dabei gibt's diese *troffie* auch im südlichen Deutschland, wo sie geschupft, also gerollt oder gewälzt werden, für die »Schupf-« oder zu »Fingernudeln«. Deren längliche Form macht sie für Briten zu *Swabian croquettes* und für Gänsemäster traditionell zu gut stopfbaren »Würstchen«. Im Volksmund aber wurden die Länglichkeiten zu vorzüglichen Anzüglichkeiten als …

A Schäferflöten

B Bubenspitzle

C Hupfschupfen

Woran gibt die englische Küche ausgerechnet pfeffriges Allgewürz?

207

Allerleiduft

Aus historischen Gründen hat die deutsche Küche Kolonialgewürze nicht so stark verinnerlicht, anders die Briten. Neben Curry-Mischungen hat es ihnen vor allem ein Gewürz angetan: Piment. Die unreifen Beeren der immergrünen Pfeffermyrthe sind als »Jamaikapfeffer« milde wie Muskat mit Nelkenaroma und haben so viele Beigeschmäcker, dass sie im Empire bis heute *allspice* heißen. Das Allgewürz hilft Marinieren und Beizen, wird gern verwurstet und macht Kompotte pikanter, wenn man die Körnchen vor dem Auftischen herausfischt. In britischer Tradition würzt Piment, das im Deutschen »Englischgewürz« heißt, sogar den …

Eines für alles: Manchmal passt ein einziges Gewürz für beinahe alles und ganz Unvermutetes

seemännischen Rum **A**

weihnachtlichen Plumpudding **B**

sommerlichen Pimm's **C**

Welche gerade Zahl frommt den Polen bei ihren weihnachtlichen Schwelgereien?

208

Mengenlehre

Die wohl üppigste Zeit für Polens Genießer ist die zu Weihnachten, genannt *wigilia* nach der Durchwachtheit der Geburtsnacht Christi. Dann wird eine leckere Überfülle aufgetischt, angefangen bei der Steinpilzsuppe, verweilend bei Karpfen wie anderen Fischverzückungen und endend mit den *pirogi*, Süßklößen, Mohnzöpfen etc. Wichtig ist je nach Frömmigkeit die Menge: In polnischer Abergläubigkeit genau sieben Gerichte (wegen der Wochentage) oder neun (die Zahl der Engelschöre). Inzwischen sind es den Aposteln geschuldete Schlemmereien geworden. Serviert wird heute ein »gerades« …

Nachzählen gerne erbeten: Ein fromme Zahl von Gerichten soll es in Polen schon sein

A Achter-Mahl

B Zehner-Essen

C Zwölfer-Menü

Welcher ansonsten eher ungeniessbare Stoff dient Leckerem in der Küche?

209

Durchschlagskraft

Einst war das dünne, locker gewebte Tuch ein Teil des schmucken Outfits von Priestern und diente auch lange als ein beliebtes Halstuch. Dann passierte es ihm, dass es nur noch zum Passieren taugte. Über dem Durchschlag hat so ein Gazegewebe bis heute seinen zurückhaltenden Erfolg beim Seihen, Suppenklären oder Püreeverfeinern. Profis am Herd haben es deshalb gern und auch immer schnell zur Hand, das …

Da kann viel passieren: Solche Gaze hilft beim feineren Filtern

Etamin **A**

Carreu **B**

Passe-par **C**

Warum friert eigentlich das Kugeleis nicht am Portionierer fest?

210

Innenleben

Beim Servieren von Speiseeis aus dem Tiefkühlfach spielt er buchstäblich seine Rolle: Der Dipper (engl.: *scoop*) formt das aufgekratzte Eis zu Kugelportionen, Schälchen für Schälchen. Ein physikalischer Trick hilft dann dabei, dass nichts an ihm anfriert, verklebt oder von ihm tropft, so dass Eis solchem Rolldipper nur entrollt. Der dicke Griff nämlich hat es inwändig in sich, denn er enthält …

Formvollendung: Der Kugelformer hat derlei mit dem Griff sicher im Griff

A kälte-isolierenden Kork

B wärmeleitendes Glycerin

C temperaturneutrales Gel

Wie gross ist die Faltenfülle, wenn Köche unter die Haube kommen?

211

Faltenfülle

So viele Kniffe in der Haube wie Eiertricks

Anno 1727, da fand King George II. zwischen seinen Erbsen eine Laus und war derart geschockt, dass er seinen 51 Köchen fortan Glatzen und dazu weiße Schlapphauben anbefahl, wie sie damals als *casques à meche* (»Lockenhauben«) französische Kochmützenmode waren – bunt, je nach Küchenhierarchie, und erst von Talleyrands Leibkoch Boucher einheitlich in Weiß durchgesetzt. Es war Carême, der auf dem Wiener Kongress 1814 als Botschafter der führenden französischen Küche seine *toque blanc* ragen ließ, die später gar als 45 cm hohe Kochhaube mittels Innen-Pappring versteift wurde. In ihrer ganz klassischen Form hat dieses Standeszeichen exakt so viele Falten rundum, wie es ja traditionelle Eierzubereitungen geben soll, nämlich …

gerade 50 A

bis zu 75 B

genau 100 C

Wie kam anno 1860 die »amerikanische Art« ausgerechnet nach Paris?

212

Spontangericht

Seit 1860 bestellbar: »Amerikanisch!«

Wie amerikanisch ist denn *à l'americaine*? Die nationalkulinarische Lesart der Franzosen behauptet, Internationalisten hätten ihnen ihre Art *à l'armoricaine* (von *Armorica*, dem alte Namen für »Brittany«, die Bretagne) neuweltlich eben verballhornt. Kulinarologen aber wissen längst, dass der Pariser Koch P. Fraisse, der zuvor zwei Jahre in Chicago gejobbt hatte, aus Anlass der glamourösen 1860er-Weltausstellung seine Zubereitung notgedrungen einmal für späte US-Gäste zutatenfreudig improvisierte: Aus einer Courtbouillon und aus Resten wurde, was Fraisse kurzerhand *à l'americaine* taufte. Wichtigste Zutat ist nach wie vor …

A lobster, also Hummer

B bourbon, also Whiskey

C corn, also Mais

WOMIT WÄRE EINE ANGEBLICHE HENKERSMAHLZEIT LEBENSVERLÄNGERND GEWESEN?

213

Teuergericht

Beinahe wäre diese Zubereitung zur »offiziellen Nationalspeise des Staates Kalifornien« geworden, aber die Antragsteller beklagten die Humorlosigkeit der Legislative. Dabei ist *Hangtown Fry*, das teure Tellergericht mit u. a. Eiern, Räucherschinken, Frühstücksspeck, mit Semmelbröseln und gehackter Petersilie sowie Zwiebeln seit den Goldrausch-Zeiten eine Legende. Es war allerdings nie eine »Henkersmahlzeit« zur kurzfristigen Lebensverlängerung wegen der heiklen Beschaffungszeit all der Zutaten, sondern eine Erfindung des Koches vom »El Dorado Hotel« im damaligen Hangtown, um bei den Goldgräbern noch besser abkassieren zu können. Zur ohnehin dreisten Komposition gehören nämlich ziemlich weit hergeholte …

Nepperei: Was heute noch Goldwäscher-Touristen schmecken könnte, war in Goldrauschzeiten eine dreiste Abzocke

Safranfäden **A**

Austern **B**

Robbennierchen **C**

Als was will uns Kohl laut Nomenklaturnatur verkohlen?

214

Kopfsache

Für oberpingelige Botaniker essen wir manches falsch oder in unkorrekter Bezeichnung. Die Banane etwa ist botanisch ja ein Beerenobst, denn wir entschalen eine »bedecktsamige Frucht«, und die Erdbeere mit ihren äußeren Pünktchensamen ist offiziell sogar eine Nussfrucht. Korrekterweise gehören auch Artischocke, Blumenkohl und Brokkoli in eine gemeinsame Gruppe, denn sie sind unerwarteterweise …

A Blattknosper

B Kopfblütler

C Blütengemüse

Genaugenommen: Nur Botanikern gelingt bei Kohl wohl der ganz korrekte Verzehr

WELCHES SEHR TEUER BEZAHLTE GEWÜRZ WILL UNS WOHL VON NATUR AUS ANGIFTEN?

215

Safrangefahr

Vergiftungsgefahr gebannt: Safran ist viel zu teuer, um in tödlichen Mengen zu schmecken

Das teuerste und farbintensivste Gewürz der Welt hat es in sich: Es ist höchst arbeitsintensiv, weil die nur 25 mm langen handgezupften Narbenäste von 200 Krokusblüten erst das Leichtgewicht von einem Gramm ergeben. Safran als Verwandter der Herbstzeitlosen ist zudem so giftig, dass schon zehn bis zwanzig Gramm tödlich wirken würden. Wegen Unerschwinglichkeit wie Gefährlichkeit wird er deshalb nur fadenweise dosiert. Sein volles Aroma und die lange Haltbarkeit erreicht Safran nach der Ernte erst durch etwa viertelstündiges ...

Dämpfen A

Rösten B

Marinieren C

Was setzen Libanesen ihren Gästen mit Nationalstolz vor?

216

Globalbällchen

Rohe Reste zu lassen ist sogar erwünscht: Was dann gebraten wird, ist als Snackball global beliebt

Ein libanesisches Nationalgericht hat Weltkarriere gemacht, weil es so lecker wie simpel und vielseitig ist. Man nehme nur vorgekochten Weizenschrot, vulgo Bulgur, dazu Hack vom Lamm, seltener vom Rind, Zwiebeln und Gewürze. Was daraus wird, ist ursprünglich ein dünnhäutiges Bulgurklößchen mit Füllung, das Ganze aus dem Fritiertopf. In Latein- und Mittelamerika machten Auswanderer diese krossen Bällchen populär, nach irakischer Art gibt es sie auch in einer Reiskruste. Arabische Gourmets genießen die Bulgurmasse gerne roh mit einem Gläschen Arrak, als sei es Tartar mit obligatem Cognac, und lassen sich später nur die Reste braten. Solche Appetitbällchen heißen überall ähnlich und ursprünglich libanesisch ...

A Khabbu

B Kibbeh

C Hebbikh

Als was kann man dasselbe in zwiefacher Version geniessen?

217

Zwiefachlich

Wenn aller guten Dinge bei einem Fleischgericht zwei sind, sollen es zwei Spitzfindigkeiten für den Gaumen sein. Dann sind Hühnchenteile unterschiedlich zubereitet, mal gespickt, gedünstet und glasiert, auch mal gedämpft, paniert und gebacken; oder Kalbsbries liegt mal getrüffelt und gedünstet, mal in einer Braise gedämpft, daneben auch paniert und gebacken abwechselnd auf der Servierplatte. Ebenso gern werden Teile vom Lamm oder Scheiben vom Schwein wie das Kotelett oder die Lende unterschiedlich zubereitet und dann aufeinander montiert. Solche pikanten Pointen für Kenner stehen dann auf Speisekarten gern als …

Dualer Genuss: Für gleich zwei Zubereitungsvarianten hat die Speisekarte einen schönen Begriff

Epigramm von … A

Sottise von … B

Pasquill von … C

WOMIT WIRD
EIN TRINKGELD GANZ PROPHYLAKTISCH
VON VORNHEREIN VEREINBART?

Aufgeld

Gute Geister in Restaurant und Küche leben zum Gutteil auch von den Trinkgeldern. Bei allen Tischrunden ab sechs Personen und Banketten bleibt es leicht mal aus – auch weil Gäste mitunter einzelne Bedienungen diskriminieren. Manche Häuser kassieren daher Trinkgelder im Endpreis in Höhe von 15 bis 20 Prozent. Sehr zufriedene Gäste können immer noch einen sogenannten *tip on top* geben – zusätzlich zum pauschalen …

Notlösung: Wo mit Trinkgeld am Tisch gegeizt wird, kann es einfach pauschal erhoben werden

A all-cash

B polytip

C autograt

Wer war sich nicht zu schade, den Fleischwolf erfunden zu haben?

219

Kleinklein

Schwer auszumalen – aber es gab mal eine lange Zeit des nur händischen Zerkleinerns aller Zutaten für Hack, Mett oder eine feine Paté und des anschließenden totaldigitalen Vermengens und Durchknetens. Aber dann kam er: Ein hochwohlgeborener Praktiker, der sich aufs Erfinden verstand. Er baute u. a. den ersten Fleischwolf, dessen Förderschnecke beliebige Massen gegen rotierende Flügelmesser und durch eine Lochscheibe presste. Das Prinzip hat sich seit Mitte des 19. Jahrhunderts wenig geändert, wahlweise wurde nur der Antrieb elektrisiert. Bei jedem Kurbeln oder Einschalten sollten wir dankend denken an …

Verdienst: Auch der Fleischwolf wurde ja nicht bloß eben im Handumdrehen erfunden

Fürst von Pückler A

Graf Zeppelin B

Freiherr von Drais C

Was hat in Sachsen einst das kulinarische Singvogelvergnügen ersetzt?

220

Vogelfutter

Vogelfrei: Schon lange werden da keine Singvögel mehr hineingebacken, sondern etwas Süßeres

Schätzungsweise 30 Millionen Vögel, gar ein Drittel davon Singvögel, werden in Europa nach alter Tradition unserer Genusslust geopfert. Das »Komitee gegen den Vogelmord« protestiert laut in Brüssel, wo ein altsächsisches Vorbild Eindruck machen könnte: Anno 1876 verbot Albert I. schon die Singvogeljagd. Findige Bäcker jedoch lieferten den frustrierten Gourmets eine Alternative. Statt der gefüllten und kreuzweise als *galantines* dressierten Piepmatze buken sie fortan – und backen bis heute – formgleiche Pastetchen, aber mit einer leckeren Mandel-Nuss-Konfitüre-Füllung, die sogenannten …

A Leipziger Lerchen

B Dresdner Amseln

C Albertsdrosseln

221

Dreierlei

Frankophone Umsiedler, von den Briten aus Kanadas Neuschottland nach Louisiana in die USA vertrieben, nannten sich nach ihrem verlorenen Arkadien *Cadians*, auch mal *Cagians*, und tauften so ihre sehr ländliche Art zu kochen *Cajun*-Küche. Die ist recht deftig, scharf durch viel Chili-Pulver, reislastig und eintopfig. Vor allem aber gehören immer drei Beilagen dazu: Sellerie, grüner Paprika und Zwiebeln. Diese Musts nennen die Cajun-Köche ihre …

Three voices – Dreistimmigkeit A

Heavenly Triad – himmlischer Dreiklang B

Holy Trinity – Heilige Dreieinigkeit C

Drei stets dabei:
Die Cajunküchen-Trilogie

Was versetzte schon die vorchristlichen Römer in Weihnachtslaune?

Festverdrängung

Die frühe Kirche konnte beliebte heidnische Feste nicht abschaffen, also gab sie ihnen neuen Anlass. Schon Roms Kaiser Aurelian hatte anno 274 die altsyrische Gottheit Elagabal als neuen Reichsgott *sol invictus* (unbesiegte Sonne) am 25. Dezember zelebrieren lassen, bevor dieses Feier-Datum für Christi Geburt reklamiert wurde. Ohnehin waren ja die Römer vom 17. bis 23. Dezember in Festlaune, weil sie da seit altersher mit Geschenken, Backwerk und Kerzen ein Opferfest zu Ehren ihres alten Sonnengotts feierten. Unser Weihnachtstermin samt Schlemmerei hat also seine Traditionslinie bis zurück zu den alten römischen …

Gänzlich unchristlich: Altrömische, noch vorweihnachtliche Feierfreuden

A Cerealien

B Saturnalien

C Bacchanalien

Warum wirkt Weihnachtsgewürz so, als käme es aus der Apotheke?

223

Würzapotheke

Uralte Gewürzmischungen haben oft einen pharmazeutischen Ursprung und sollen so würzend wie wohlbefindlich wirken. Wie das Weihnachtsgewürz zu Zeiten von Erkältungen und Völlerei: Piment (für Appetit), Anis (gegen Schleim), Fenchel (gegen Flatulenz), Ingwer (gegen Heraufwürgen), Nelken (für Sepsis), Kardamom (für Verdauung), Koriander (gegen Krämpfe), Muskat (gegen Flitzeritis). Dem traditionellen Neunerlei im Weihnachtsgewürz fehlt dabei dann nur noch eines mit einiger antibakterieller Wirkung …

Heildüfte: Die Gerüche auf Weihnachtsmärkten wie hier in Nürnberg sind pharmazeutische Indikatoren

Zesten A

Zitwer B

Zimt C

Auf welche Weise kochen sich die Chinesen ihr Glück zurecht?

224

Errötung

Weil Rot die Farbe des Glücks ist, tischen Chinesen gern Rotes auf. Dafür haben sie ihre spezielle Methode: Angebratenes oder nur kurz Gebrühtes wird mit einer genau dosierten Menge Sojasauce und mit Gewürzen, Reiswein und Zucker im verschlossenen Topf langsam bis zu einer Stunde weichgeschmort. Das Ergebnis ist eine tief dunkelrote oder zumindest braunrötliche Farbe des Gerichts. Der Trick stammt aus Hunan und Shanghai, er wird in ganz China praktiziert und heißt …

Nur Glücksache: Allein eine rechte Dunkelrotküche lädt Fortuna ein, sagen Chinesen

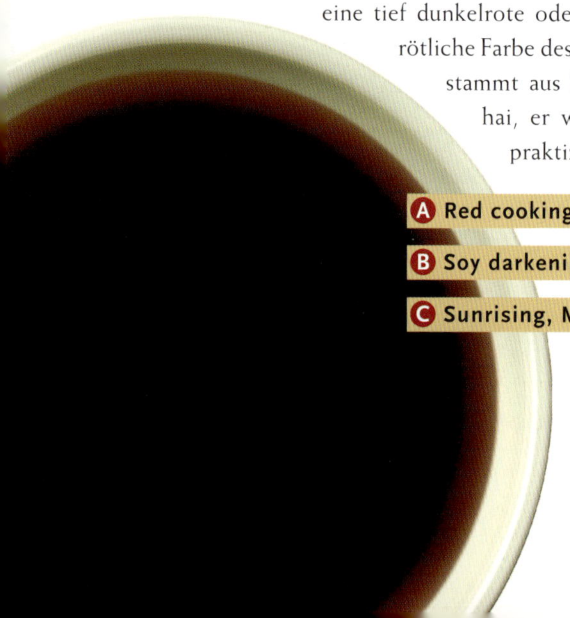

A Red cooking, Rot-Schmoren

B Soy darkening, Soja-Bräunung

C Sunrising, Morgenröten

WAS TUT
DÜNNES FICHTENHOLZ EINEM
KÄSE GUTES?

225

Käsefichten

Umringter Käse: Der hölzerne Spanreifen kann mehr als nur formen

Manche Schweizer Käsereien erhalten ein uraltes Handwerk: das des Verspanens von Fichtenholz zu dünnen Streifen, die etwa einen »Vacherin Mont d'Or« beim Reifwerden umrunden. Das sieht hübsch aus, gibt herzwürzige Aromen ab und hat zudem, wie bei den Brettern im Reifekeller, seinen dritten Sinn. Denn Fichtenholz hat die spezielle ...

antibakterielle Wirkung **A**

probiotische Aktivität **B**

kolorstatische Passivität **C**

WIE HEISST DIE SPROSSKOST GENAU ZWISCHEN SCHWARZWURZEL- UND SPARGELZEIT?

226

Sprösslinge

Sprossen sind Frühjahrsboten und enthalten als Keimlinge konzentriert viel Gutes. Ist es bis zu den Spargelwochen noch hin und die Schwarzwurzelzeit länger her, tischen sich Kenner und uns gute Gastronomen ab Mitte März eine

Ganz köstliche Auslese: Hochdelikate Sprösslinge aus Bayern schon vor der Spargelzeit

A Maiswurzeln

B Bohnenspargel

C Hopfenspargel

mühsam gestochene, deshalb teure Keimspezialität auf, die nur eine ganz kurze Saison hat. Dann nämlich kommt bestaromatischer Ersatz aus dem Boden und beeilt sich, die Köpfe zu öffnen, um wichtige Nutzpflanze zu werden. Nur wenigen Trieben wird gezielt der Fortwuchs erlaubt, und die überschüssig schießenden dürfen in den Topf als …

Von welchem Käse kann man rundweg kleine Röschen pflücken?

227

Abgedreht

Den Halbhartkäse »Tête de Moine, Fromage de Bellelay« haben schon vor dem belegten Jahr 1628 Mönche mit Tonsur im schweizerischen Bellelay hergestellt. Auch gleicht das käsige »Mönchs-Haupt« mit seiner Oberfläche ihren frommen Glatzen. Dieser kam man bis 1981 schnittig oder schabend bei, dann erfand ein Nicholas Crevoisier eine kreisende Kratzhilfe, die von der Rundform schön dünne »Röschen« abschabt, welche durch reichlichen Sauerstoffkontakt auch besonders aromatisch schmecken. Das handgedrehte »Kreiselmesser« trägt einen eigentlich schon vergebenen Pilz- als Markennamen, nämlich …

Kratzfatz zu genießen: So ein patentes Rotiermesser zum Röschenschaben müsste man haben

Morille **A**

Chanterelle **B**

Girolle **C**

Bei welchem Wort hat man in Suomi den Deutschen amüsiert aufs Maul geschaut?

228

Worterfinnung

Exportwort: Deutsches Fremdwort in nordischer Fremde

Die »Gesellschaft für deutsche Sprache« (GfdS) drehte 2006 mal den Spieß um und beklagte keine Wortimporte, sondern würdigte den Export deutscher Begriffe in alle Welt. Da tauchte in Afrikaans der ungeduldige Deutsche als *Aberjetze* auf, *vigec?* grüßt es in Ungarn, die Marmelade ist in Brasilien *schmier* und der Schoppen Bier vom Fass dort ein *chope*. Einigen ehemaligen Ostblockländern imponierte sogar unser »Sitzfleisch«. Zum originellsten Auswanderwort aber kürte die GfdS ein Wort, welches in Suomi eingefinnischt wurde:

A Kaudasgutti

B Kaffepaussi

C Rääzäppti

Mit welchen Fremdwörtern bluffen Humanisten in gleich zwei Altsprachen?

229

Tabulapalaver

In gebildeten Gourmetkreisen bluffen und ringen Humanisten des griechischen und des römischen Lagers mit vollen Mündern. Mit allerlei Gastro-Begriffen (griech. *gastär* = Magen) haben Gräzisten die Oberhand, mit Gustations-Varianten kontern Lateiner. Sie haben mit *Culinaria* alle Köstlichkeiten fest im Vokabular, die aber hellenisch zu *Phagäna*, der Fresssucht, führen können, sofern *Pleonexie* herrscht, die Unersättlichkeit. Von einem altgriechischen Wort für »Gierige-Finger-Ausstrecken« kommt dagegen der Heißhunger – denn alles, was ihn weckt, ist so fremdwortdeutsch wie alltagsenglisch …

orexigen(ic) A

tabulalux(ious) B

lucullar(ish) C

Vokabularifari: Wer klassische Bildung mit Löffeln gefressen hat, sitzt immer vor einem Teller voller Gourmetbegrifflichkeiten

Welche Heilige hat seit langem das meiste Verständnis für Herdjobs?

230

Heiligung

Jesus, Maria: Welcher Heilige, welche Heilige steht Köchinnen und Köchen am Bratspieß und Suppenkessel bloß bei?

Die Winzer haben ihren St. Martin, Bäcker ihre Hl. Elisabeth, die Bierwelt heiligt dem St. Wenzel, Molkern und Käsern gibt die Hl. Brigitte ihren Segen. Doch wen haben da die Köche, seit aus Hellas die Hestia und von Rom die Vesta nicht mehr über das heilige Herdfeuer wachten? Sie haben jene, die für Jesus so hingebungsvoll kochte, dass dieser auch ihr zum Dank den toten Bruder Lazarus zum Leben erweckte! Diese gastrophile Schwester soll später nach Frankreich vertrieben worden sein, dem Land, in dem man seitdem bekanntlich wie Gott diniert – es ist die …

A Heilige Maria von Nazareth

B Heilige Martha von Bethanien

C Heilige Katharina von Kanaa

Womit beweisen schmatzhafte Araber Sinnlichkeit und Humor?

231

Dessertsünde

Schönste Verwicklungen: Arabische Namens-arabesken würdigen solche Versüßungen

Kein arabisches Mahl ohne so ein hochsüßes Finale. Desserts, die dann oft als Fingerfood aufgetragen werden, haben entsprechende Begeisterungs-Namen wie »Wonne des Schlundes«, »Lippen der Schönen« oder »Frauennabel«. Ein simples langes Mehlteigband, buchstäblich um den Finger gewickelt, also pyramidal in heißem Öl goldgelb gebacken und mit zerlassener Butter sowie Honig übergossen, heißt danach *razzat al kadi*, sehr bildhaft also …

Verwickelter Rechtsfall **A**

Verdrehtes Urteil **B**

Turban des Richters **C**

WORAUS IST DAS, WAS SICH IN SPANIEN TÄUSCHEND ECHT AUF UNSEREN TELLERN AALT?

232

Fischnudelform

Tellergewimmel: Sieht genau aus wie die immer selteneren Glasaale, ist aber nur der häufigere Ersatz

Wenn Delikatessen zu knapp und teuer werden, erobert Ersatz den Markt. Seit gut einem Jahrzehnt sind Glasaale (span. *gulas*) so überfischt oder umweltzerstörerisch dezimiert, dass Japaner und Spanier innovativ wurden. Nun gibt es den Kunstglasaal mit dem (Marken-) Namen »Gulas« in jeder Tapa-Bar, als Fischbeilage in besseren Restaurants, *à la bilbaína* (nach Bilbao-Art) ganz kurz in der Pfanne geschwenkt zum Rührei, im Omelette oder zu Shrimps. Seine Zutaten sind Zucker, Phosphate, Salz, Eiweiß, Aromen, Pflanzenöl und Sepia-Tinte für den typischen Rückenstreifen der natürlichen Glasaale, Basis aber ist schlicht …

Reis-Konzentrat A

Pasta-Teig B

Surimi-Fischfiletmasse C

Nach welcher Methode gelang es sogar einem Bocuse tüchtig abzunehmen?

233

Dünnschlemmen

Köche haben ja immer zu essen und stehen auch selten als Dünnmänner am Herd. Als Paul Bocuse anno 1991 sein Übergewicht allzu schattenwerfend erschien, entschloss er sich, nach der Methode von Michel Montignac abzunehmen und verlor 18 Kilo damit. Der französische Diät-Bestseller begeisterte in knapp zwei Jahren mehr als eine Million Abspecker – schon mit seinem Titel als absichtsvollste Descartes-Persiflage:

Pardon, Rodin: Ich koche, also bin ich – für mein Eigengewicht verantwortlich?

A »J'accuse – je m'amuse!«

B »Je mange, donc je maigris!«

C »Liberté, égalité, fricassé!«

WOMIT KANN MAN AFICIONADOS DER BAR INSEKTENMÄSSIG ÜBERHAUPT NICHT BELEIDIGEN?

234

Anziehungskraft

Seit Harry McElhone seine »Harry's New York Bar« in Paris eröffnete, hatten globale Gentleman-Drinker, die sich gern hinter Stammgast Hemingway versteckten, ihre heimliche Heimat. »Trinker« würden sie sich nicht nennen, aber gern wie jene Insekten titulieren lassen, die alle auf diese erste und auf jede spätere »Harry's New York«- als *American Bar* fliegen. Sie erkennen sich da jedes Mal wieder – im Jux-Logo als sogenannte …

A bar-flies

B bar-beetles

C bar-bugs

Am Tresen gute Figur machen: Der Gentleman kann es, der Snob zelebriert es, und beide ehrt ein Fachbegriff

WIE HEISST DIE MENGE CHAMPAGNER, DIE UNS VOR DEM GENUSS ABHANDEN KOMMT?

235

Schwundsache

Verschwindend große Mengen: Fässer oder Flaschen überraschen gern mal mit ihrer ungewollten Entfüllung

Für die Römer war das Spundloch im Fass ein *oculus*, ein Auge, den Franzosen im Mittealter ein *oeil*, das sie zum Verbum machten in der Bedeutung »bis zum Spundloch füllen«. Daraus wurde »Füllung« und skurrilerweise sehr bald und bis heute das Wort für den Raum über der Füllung – für Luft im Fass, für Transportverluste oder für den Füllfehlstand in der Flasche. Diese Untrinkbarkeit heißt in Fachkreisen ...

A Airfatal

B Ullage

C Oeilplus

Was sagen wohl die Schotten dazu, was Japaner zu Whisky mit Wasser sagen?

236

Nipponnippen

Japaner sind Whisky-Liebhaber, mögen Importgenüsse und brennen außerdem ihren Nippon-Whisky in der größten traditionellen *distillery* der Welt, errichtet anno 1973. Sie bevorzugen unaufdringliche, dezentere Noten im Geschmack und genießen Whisky mit etwas Wasser als *mizu-wari*. Und sie meinen damit so treffend wie wörtlich …

Bildsprachlich getrunken: Wasserwhisky spricht in Japan für sich

A mit Pegel gesenkt

B als Teich nicht tief

C mit Wasser gebrochen

Welches reiche Pfefferangebot macht Mutter Natur dem sogenannten armen Mann?

237

Naturschärfe

Was blieb all den armen Schluckern, die einst von unbezahlbaren aromatischen oder scharfen Gewürzen hörten, davon aber allenfalls träumen konnten? Ihnen blieb Mutter Natur, die tränentreibende Wurzeln und ein paar Senfpflanzen wuchern oder sauer einlegbare Blumenknospen wachsen ließ. Reich an Senfölen ist ein Kraut, welches sich allein darum seinen Namen *poor man's pepper* (»Arme-Leute-Pfeffer«) verdiente – hier in Deutschland bestens bekannt als …

A Bärlauch

B wilde Kresse

C Vogelmiere

Dank an Mutter Natur: Auch Europa ist ein Land, in dem der Pfeffer wächst, jedenfalls ersatzweise

Wo kommt die hoch geschätzte großbürgerliche Küche sogar in der Hochliteratur vor?

238

Literaturtafelei

Wir sollten es wohl alle schon einmal gelesen haben: »Die Teller wurden aufs neue gewechselt. Ein kolossaler, ziegelroter, panierter Schinken erschien, geräuchert, gekocht, nebst brauner, säuerlicher Chalottensauce und solchen Mengen von Gemüsen, daß alle aus einer einzigen Schüssel sich hätten sättigen können. Lebrecht Kröger übernahm das Tranchieren. Die Ellenbogen in legerer Weise erhoben, die langen Zeigefinger gerade auf dem Rücken von Messer und Gabel ausgestreckt, schnitt er mit Bedacht die saftigen Stücke herunter.« Wo aber wird dieser Prager Schinken aufgeschnitten?

Welch' Aufschneiderei: Großbürgerliches Tafeln sogar noch im Roman

In der »Blechtrommel« von Günter Grass A

In den »Buddenbrooks« von Thomas Mann B

Im »Brot der frühen Jahre« von Heinrich Böll C

WELCHES MODEWORT
SOLL UNS DENN IMMER WIEDER
AUF DER ZUNGE ZERGEHEN?

239

Lokalaromen

Wie das Land, so nicht nur die Leute, auch der *goût* der Landschaft im engeren und engsten Sinne. Mikroklima und geologisch besondere Lage sind spezifische Geschmacksgeber beim Olivenöl, bei Käse und ganz natürlich beim Wein. Einige halten Erschmeckbarkeit solcher lokalen Uraromen nur für modisches Theater, viele aber auch für ein hochbefriedigendes geoaromatisches Entdeckerspiel. Dann reden sie, glücklich fündig geworden, vom ganz besonders spürbaren …

Geomorpho- und sowieso logisch: Guter Wein verrät im Grunde immer seinen Grund und Boden

A terroir

B singulair

C régionale

WIEVIELE EINZELHEITEN KÖNNEN WIR AUS RUCHBARKEITEN HERAUSRIECHEN?

240

Naseweise

Ausgekochtes System: Riechen allein macht nicht satt, aber im Gehirn macht es Furore

Nach der Verleihung des Medizin-Nobelpreises anno 2004 an die beiden US-Forscher Richard Axel und Linda Buck für die Erforschung und Erklärung unseres hochkomplizierten Geruchssinns wird die Frage bei Günther Jauch unausbleiblich: Wieviele Geschmacksnuancen kann das Netzwerk unser raffiniert verschalteten etwa 1000 Rezeptoren dem Gehirn in raffinierten Kombinationsmeldungen zum Speichern und Wiedererkennen melden? Es sind phänomenale …

A 100.000 Gerüche

B 50.000 Gerüche

C 10.000 Gerüche

Welcher anerkannte Schriftsteller fing mit Reklame-Reimen an?

241

Poetenethos

Kunst geht nach Brot, auch die Dichtkunst ist sich dazu nicht zu schade. Denn vor den literarischen Erfolg haben die Götter oft das Sprücheklopfen gesetzt. Von einem jungen Hungerleider und »Vorsteher des Reclame- und Pressbuereaus« haben wir würzige Sprüche, auf die »Maggi« noch heute stolz ist, weil ja der Verfasser berühmter wurde: »Das wissen selbst die Kinderlein – mit Würze wird die Suppe fein!« Annoncen dieser Art reimte Ende des 19. Jahrhunderts immerhin …

Das wissen selbst die Kinderlein:
Mit Würze wird die Suppe fein.
Drum holt das Gretchen munter
Die Maggi-Flasch' herunter.

Kinderleicht: Ehe Poeten in spe verhungern, dichten Sie lieber witzige Werbesprüche, auch »Maggi« profitierte davon

A Gerhart Hauptmann

B Otto Julius Bierbaum

C Frank Wedekind

Wovon bekam Nero nie genug und wovon seinen Beinamen?

242

Stimmgemüse

Brennende Leidenschaft: Mal war es bei Nero Porree, einmal war es Pyro-Rom

Essen bildet durch Tischgespräche oder vorherige Rezeptlektüre. Ende der 1970er Jahre wurde Porree der deutsche Liebling der Saison – wie einst schon im alten Rom. Dort huldigte Kaiser Nero dem Zwiebelgewächs mit Riesenappetit, weil er seiner kleinlauten Stimme damit zu voller Atemmacht verhelfen wollte. Deshalb, wie damals geschrieben wurde, verspotteten seine Untertanen den oft Verstimmten als sogenannten …

A **Monstrum allium (Knofelmonster)**

B **Porrophagus (Lauchfresser)**

C **Corpus cepae (Zwiebelleib)**

Welche Köstlichkeit traten die frühen Italiener noch mit Füssen?

243

Barfuß

Marco Polo war 120 Jahre zuvor aus China zurückgekehrt und erlebte nicht mehr, wie seine Landsleute sich mit Leidenschaft für eine seiner noch als Fantasterei abgetanen Erzählungen abmühten: Einen ganzen Tag lang traten um 1400 barfüßige Männer auf ein Grundnahrungsmittel ein, pressten es zu zweit oder mit Pferdekräften durch winzige Öffnungen und häuften damit so köstliche Schätze an, dass Wachleute des Nachts das wertvolle Endprodukt zu bewachen hatten. Das war anno dazumal nämlich schon …

Modische Treterei: Was seit 1400 so entsteht, ist molto italienisch

A Pasta

B Pesto

C Pizza

Wer brachte die US-Frühstückskultur auf ihren nussigen Nationalgeschmack?

244

Peanutnutz

Erdnussig: Keine Butter mehr wie einst für Zahnlose, sondern für viele ein Stück Frühstück, mit dem alles erst in Butter ist

Anno 1890 ließ ein bis heute unbekannter Arzt aus St. Louis für seine zahnlosen Patienten ungeröstete Erdnüsse zerstoßen, damit die am Fleischkauen Behinderten so wenigstens ausreichend Proteine bekämen. 1895 sicherte sich ein hellhöriger Vegetarier mit unternehmerischem Biss das Patent auf diese *peanutbutter*, die bald aus gerösteten Kernen und mit verbesserten Maschinen hergestellt wurde. Der Pionier des so kalorienbombigen National-Aufstrichs der USA war damals …

- **A** Dr. John Harvey Kellogg
- **B** Mr. Henry John Heinz
- **C** Mr. Milton S. Hershey

WELCHES GEMÜSE KAM ZU SEINEM NAMEN, WEIL ES EINE COOLE SCHIENENKARRIERE MACHTE?

Kalttaufe

So lange kennen wir ihn noch gar nicht, aber von Anfang an haben wir ihn gern entblättert. Ganz früh schon hatte der *Lactuca sativa* einen eigentlich bis heute unsinnigen amerikanischen Populärnamen – nur weil er so dank- wie haltbar in speziellen Kühlwaggons immer knackfrisch quer durchs Land rollte. Mit kaltem Herzen wurde er dann noch *crisp* verkauft. Diese Neuzüchtung vom Ende des 19. Jahrhunderts ist noch heute unser …

Rasender Kühlransport: Mit Zügen wie in dieser »Märklin«-Nostalgie rollte einst ein rasend erfolgreiches Neuprodukt quer durch die USA

Alaskagemüse **A**

Eisbergsalat **B**

Langwegsalat **C**

WAS MÄGEN MÖGEN, WIRD BEI WEM GLEICH ZUM NATIONALCHARAKTER?

246

Klischeefresser

Sage nur, was du gerne isst, und jeder weiß, woher du bist – und umgekehrt wird Essern meist im Ausland auf den Kopf zugesagt: *Kraut* oder *sausage* = Deutscher, *frog eater* = Franzose, *chili eater* = Mexikaner, *rice belly* = Chinese, *limey* = Engländer, *pea-souper* = Franko-Kanadier. Und ein *cabbage eater* wäre für Liebhaber von Globalvorurteilen ein …

Däne **A**

Pole **B**

Russe **C**

Schlag-Wörter: Was wir futtern, wird Futter für Vorurteile über nationale Charaktere – so malte es sich Grandville aus

WARUM SOLLTE
WOHL EIN GUTES IRISH STEW AUCH
WOHLTEMPERIERT SEIN?

247

Hammelbammel

Ein *Irisch Stew* kommt nicht ohne Grund so schnell und dampfend auf den Tisch, dass es im Idealfall so heiß gegessen werden kann, wie es gekocht wurde. Denn wer zu spät zu Tisch kommt, den bestraft schon mal ein Fehlgeschmack von Talgigkeit, den kastrierte Mastschafe bekanntlich nun einmal haben. Und je abgekühlter das *Stew*, desto zunehmend strenger duftend teilt sich das Hammelfett mit, so lange, bis es gar sichtbar erstarrt bei …

A bei 40 Grad

B bei 55 Grad

C bei 65 Grad

Schafskunde: Lamm oder Schaf zu Stew und besondere Obacht bei Hammel

WIE KAMEN ITALIENER MAL GÖTTERVÄTERLICHERSEITS ZU EINEM APÉRITIF?

248

Unvernaschbarkeit

Strafe musste sein, wenn sich eine Schönheit auf Erden nicht auf Anhieb und Anmache dem Göttervater Jupiter hingab. Die bildschöne wie langblonde Cynara wollte aber nicht, auch nicht als Göttin auf den Olymp. Nur weil der abgewiesene Allmächtige sie fortan auch keinem anderen gönnte, metamorphisierte er die »stachelige Spröde« in ein passendes, angeblich so ungenießbares Gewächs. Araber nannten es dennoch »essbare Pflanze«, Italiener machen gar einen Apéritif aus der …

Kastanie A

Artischocke B

Kaktusfeige C

Dank dem verschmähten Liebhaber: Zeus' Eifersucht bescherte uns diesen Apéritif

WER MACHTE SICH MIT SEINEN SCHNIPPELFEINHEITEN EINEN EWIGEN NAMEN?

249

Verschnippelung

Herzogliches Röstgemüse: Es muss klein-klein sein

Die meisten Kochbücher haben gar keinen Nachschlageteil für die Fremdwörter, die sie oftmals voraussetzen. Doch der Gang zum Wörterbuch lohnt nicht bei einem Fachwort für so ein samt Schinken oder Speck kleingewürfeltes Röstgemüse, denn es ehrt namentlich einen Herzog, dessen Koch zu Anfang des 18. Jahrhunderts solcherlei an Suppen, Saucen, den Schmorbraten oder an die Ragouts gab. Jene besonders kleinteilige Verfeinerung heißt …

Margaux **A**

Malmeux **B**

Mirepoix **C**

MIT WELCHEM SIMPLEN TRICK KANN MAN RISIKEN BEIM BLAUKOCHEN VERMEIDEN?

250

Blaulichtig

Mal eben als Schnellgericht: Blau wird Süßwasserfisch nur in der Tempoküche

Süßwasserfische schützen ihre Haut lebenslang mit einer bakteriostatischen Eiweißschicht. Ereilt aber Aal, Forelle, Karpfen der Tod zu unserem Genusse, zersetzt sich die Schicht ins Trübe, Fleckige. Es sei denn, ein wirklich fangfrischer sowie unverletzt umschleimter und ungewaschener Fisch wird sofort gekocht – womit man ihn dann ins Blaue garzieht. Oder aber ein saures Milieu sorgt für kontrollierten Abbau der Schicht ins schöne Blau. Mit etwas Essig im Kochwasser entsteht eine Art dünner Lackfilm, der das Blaulicht reflektiert. Und ist bei einem Frischfisch die Schutzschicht stellenweise mal doch leicht beschädigt, lässt sie sich beim Rehydrieren sogar wieder schließen – durch ein Fünfminutenbad in …

- **A** Salzwasser
- **B** Heißwasser
- **C** Kaltwasser

Was wird gleich zwischen Gibraltar und Spanien zum Grenzfall?

251

Aussperrung

Genüsse aus Spanien fanden schon immer ihren leichten Importweg nach England, und die britische Kolonie Gibraltar ist erst recht ein nahe liegendes kleines Schlemmerparadies. Anno 1969 wurde sie erstmals einseitig von Spanien gesperrt, *La Linea* zur hermetisch dichten Grenze, das Kap zur umstrittenen Enklave. Die eher stoischen Gibraltarier betrachteten die Abgeschnittenheit vordergründig sarkastisch bloß als kulinarisches Desaster und nannten diese Maßnahme deshalb nur …

Kolonialgezänk: Eine Blockade nahm Gibraltar mal den Appetit auf Spanisches

Sherry blockade A

Garlic wall B

Paella prohibition C

Welches Wort hatten die Griechen für ausgekochtes Wirkungskochen?

252

Scharfmacherei

Trügerische Küchenidylle: Sammelbild ohne Ahnung, wie scharf Altgriechensaucen waren

Schon die alten Griechen waren scharf auf Saucen, die es in sich hatten, nämlich Pfeffer, Liebstöckel, Minze, Pinienkerne, Rosinen, Dattelwein, Käse und Essig. Diese beißend pikante Mischung, von Apicius sogar als Huhn- oder als Lammmarinade angepriesen, war durch zuviel Safran so gelb, dass sie die Lippen der Schwelger anhaltend verfärbte. Die wussten sehr wohl, was sie da als *hypótrimma* genossen, denn was dieser Saucenname ankündigte, war wörtlich übersetzt …

A Hitzewallungen

B Knieschlottern

C Atemverschlagen

Was war der grösste Vogel, den Hofköche einst ihrem Louis präsentieren konnten?

253

Gefiederfinessen

Wenn Louis XIV. tafelte, dann brach die Tafel nicht nur sprichwörtlich, sie hatte auch etwas Abgehobenes. Die Hofköche arrangierten gerne Schaugerichte und staffierten Wild oder Geflügel nach der Zubereitung möglichst naturgetreu zurecht. Selbst entrupftes Federkleid wurde wieder schön in Form gesteckt. Die Sockel solcher Auftischungen bestanden dann aus dem eigentlichen Genuss und oft aus purem Lebermus. Zum spektakulärsten Tafeltier *à la Louis XIV.* wurde auf derartige Weise gern mal ein prächtiger …

Nachher wie vorher: Entfiedertes wurde einstmals für die Tafel wiederbefiedert

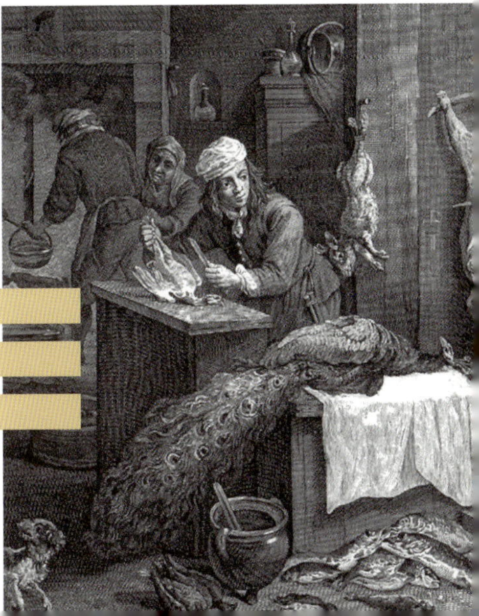

A Schwan

B Storch

C Adler

WAS HAT MAN DER KAFFEEWIRKUNG EINST SO ANGEDICHTET?

254

Palavertrank

Kaum war der Kaffee als »Aufguss aus Beeren« als »eines der letzten Kulturgeschenke des Orients an den Okzident« zur Mode geworden, formten sich die Rituale des müßigen Genusses und tassenlangen Palaverns – vor allem in Kreisen der »Frauenzimmer«, denen der Kaffeeklatsch lange sichere Domäne blieb. Seit Barockzeiten heißt es und gilt bis heute: »Komm, bring ein appetitlich Coffee, / komm, gieß der Sorgen Panacée, / den güldnen Nektar in Chrystallen!« Kaffee als Panazee gilt immer noch, denn »Panazee« meint ja …

A Zungenlöser

B Rauschtrunk

C Wundermittel

Soziologie der Vertassung: Mit Kaffee ritualisierte sich die Bürgerwelt

Welchen Namen haben US-Köche für Katharinas italienisches Bad?

255

Topfbadestelle

Das Welsche im Gallischen: Katharina gönnte Köchen ein Bad

Als Katharina von Medici 1533 nach Frankreich heiratete, brachte sie nicht nur erstmals Broccoli, Artischocken, Böhnchen und Blumenkohl mit, auch all ihre Köche und deren Geräte. Am hilfreichsten fanden die gallischen Kollegen ihr *bagno maria*, diese »Topf-im-Bad-Kochstelle« – und tauften diese um in *bain-marie*. Benannt ist jene temperatursichere Unverzichtbarkeit nach der so legendären Moses-Schwester und Alchemistin »Maria die Jüdin« oder ihrer mittelalterlichen Laborkollegin Maria de Cleofa, einer Destillierexpertin. Deutsche machten dieses Heißbecken statt zum »Marien-« zum schlichten »Wasserbad«, für US-Amerikaner ist es noch nüchterner ein …

Twin simmer **A**

Double boiler **B**

Pot-au-pot **C**

Wovon war schon Schiller nach eigenen Worten zu gern mal trunken?

256

Begeisterungsglühen

Klassisches Lob: Ein Schiller schwärmte nicht nur für seine Liebschaften

A Punsch

B Kaffee

C Kakao

Im September 1788 schrieb Schiller an seine Herzensdamen Lotte von Lengefeld und Caroline von Beulwitz am Morgen danach, er wünschte, dass beiden etwas so wohl bekommen sein möge wie ihm: »Mir hat er einen recht guten Schlaf gemacht« – »er« war damals Mode, 1799 lud Goethe seinen Friedrich dazu ein: »Ein Gläschen soll der warmen Stube zu Hülfe kommen.« Jener Trunk animierte Schiller zu einem Lied, endend mit: »Eh es verduftet, / Schöpfet es schnell! / Nur wenn er glühet, / Lebet der Quell« – nämlich der …

Womit bekommt man die Kleinteiligikeit für Müesli anhängertreu hin?

257

Apfelschnitzelei

Zum echten vorgeweichten Müesli gehört ein frisch hineingeriebener und möglichst hartschaliger Apfel, weshalb der erste Schweizer Müesli-Propagandist einst ein Verkleinerungsgerät erfand, das den Apfel sogar in beiden Richtungen klein kriegt. Das patente Ding, das sich inzwischen als Kombigerät auch zur Erschnitzung katoffeliger Rösti-Flöckli eignet, heißt denn auch …

Benner-Reibe A

Bircher-Raffel B

Müesli-Mandoline C

Abreibung nur zu empfehlen: Müesli erst einweichen, dann Apfel in neuer Struktur dazu

Welche tierische Manipulation soll uns eines Tages Erdbeeren mit Frosttrotz liefern?

258

Härtetest

Dass Erdbeeren zu gerne matschen, ist Züchters Kummer und Absicht der Natur – die pünktchengroßen Nüsschen außen sollen nach dem Fall schnellstens Nahrung finden. Auch beim Einfrieren und Auftauen platzen zu viele Erdbeerzellen. Doch Genforscher signalisieren Abhilfe. Sie hatten die tierische Idee, ein Gen für Frostschutz (das AFP) aus der Fauna in die Erdbeer-Flora zu manipulieren und experimentierten sogar erfolgreich. Gelobt sei, was Winter-Erdbeeren genetisch möglich macht? Der Dank für das Frostschutz-Gen ginge damit an die …

Beeren-Dienst: Genforscher erwiesen ihn uns durch den Antimatsch- und -schimmelfaktor, der die Früherntebald überflüssig machen soll

A antarktische Eisassel

B kanadische Schneemaus

C arktische Winterflunder

Was stank im alten Rom zwar zum Himmel, galt aber als himmlische Würzsauce?

259

Stinkstank

Wurst im Bananenblatt ist ein Gourmet-Hinweis für Vietnam-Reisende. Sie werden da auch gern ausführlich über *nuoc mam* aufgeklärt, jene unentbehrliche Fischsauce als salzige Anchovisvergärung in Tonkrügen. Kenner könnten die Parallele zur aromareichen antiken Basiswürze aus Fischabfällen herausschmecken. Die liebten die alten Römer, schon allein, weil sie mächtig zum Himmel stank und Schlechtgekochtes schlicht überduftete – ihr berühmt-berüchtigtes …

Geschmackache: 2.000 Jahre, also MM anni nach den alten Römern kommt man auf Vietnamreisen auf den antiken Geschmack

gorum **A**

garum **B**

darum **C**

Warum müsste es Mint Juleps eigentlich auf Rezept geben?

260

Heiltrunk

Köstlicher Mint Julep: Für derlei gelten strenge Regeln

A Cholera

B Angina

C Malaria

Ein weit gewandertes Drink-Word hat's in sich. Als altpersischer *gul-ab* war es noch voll von »Rosenwasser«-Duft, wurde so als *Julab/Julepe* in der aromareichen Provence beliebt und kam von dort in die Provinz von Kentucky, wo irgendwann Ende des 18. Jahrhunderts der Mix mit Zucker erst die Süße, mit Brandy den Gehalt und durch Minze seinen Reiz bekam. Den Brandy verdrängte bald US-Bourbon, wodurch der *Mint Julep* mit viel *crashed ice* und mit Zuckerrand zum Kentucky-Klassiker wurde wie die viel zitierten regionalen Regeln, nie eine Dame zu beleidigen, nie ein Pferd ins Haus zu bringen – und niemals die Minze zu zerstoßen! Seine historische Beliebtheit verdankt der Drink auch dem Ruf, er beuge vor gegen …

Welche Pilze haben in einer stillen Küche dem Koch etwas zu sagen?

261

Pilzlaute

In der Pilzgattung der Leistlinge, die sich statt Lamellen stärkere Leisten leisten und stabiler sind, gibt es einen Liebling der Gourmets, der zart und rücksichtsvoll behandelt werden will. Vor allem möchte er für besten Biss nur kurz, dann aber kräftig angebraten werden. Seinen zarten Ansprüchen leihen Sensible am Herd durchaus ihr Ohr, denn der Delikatesspilz hat eine typische Gargeste: Durch sein eingeschlossenes Wasser bekommt er Druck genug, um einen seufzenden Pfeifton abzugeben – das ist ganz typisch für den …

Alle mal hinhören: Gewisse Pilze verpfeifen auf leise Weise ihre Garstufe

Pfifferling A

Steinpilz B

Austernpilz C

WELCHES OBST VERDANKEN WIR DEN IMPORTANSTRENGUNGEN EINES LUKULL?

262

Importehre

Lukullus könnte der Gott der Feinschmeckerei sein, wenn es ihn ja nicht als leibhaftig und kultiviert schlemmenden römischen Konsul und Feldherrn gegeben hätte. Er war Gourmet und Raffzahn zugleich, requirierte gar ein Vermögen zusammen und legte damit Gärten wie Villen für üppige Schmausereien an. »Lukullus« heißt ihm zu Ehren ja jener Keksschichtenschokokuchen, der auch als »Kalter Hund« begehrt ist, aber auch ein Schlemmergebäck, die Hühnercreme- und immerhin eine Krebs-Velouté wurden nach ihm benannt. Namentlich gar nichts erinnert jedoch an seine verdienstvolle Einführung eines asiatischen Obstes nach Europa –nämlich …

Schlemmen im Liegen: Römer wie einst Lukullus legten maßlos übertreibend Wert auf Neuheiten

A Kirschen

B Birnen

C Pfirsiche

Welche Knabberkerne machten trotz des unmöglichen Namens ihre Karriere?

263

Nervensache

Die Fruchtkerne sind auf Partys sehr beliebt, weil sie so fettarm sind, sie wirken sogar magenberuhigend und sollen die Nerven stärken. Roh wären Cashews ungenießbar, geschält und geröstet sind sie so unwiderstehlich, dass ihr Lieferant, der Nierenbaum, mittlerweile weltweit angebaut wird. Sie schafften es sogar in asiatische Rezepte wie den indonesischen Fruchtsalat *rujak*. In der kontinentalen Urheimat der Knabberkerne hätten diese in faunistischer Korrektheit aber niemals ihren deutschen Spitznamen bekommen können …

Unwiderstehliche Cashewkerne: Dem Zulangen mit Rollgriff stand der einst abschreckende Beiname nicht im Naschwege

Tigerlaus **A**

Affenlaus **B**

Elefantenlaus **C**

WIE HEISST EINE SAUCE, WENN SIE MAL GANZ WIRKLICH ALLERERSTE SAHNE IST?

264

Angeschwitzt

Viel Butter bei die Sauce: Eine besonders klassische Sauce verlangt dies ganz ausdrücklich

A Lingine, Weißrühr

B Clairette, Klärett

C Blanquette, Blankett

Saucen machen nicht nur dick, sondern auch dicke was her, wenn gut gemachte gemocht werden. Viel Sahne und Eigelb wurde mit oder ohne buttermächtige Mehlschwitze zum Inbegriff französischer Kochkunst, die damit Fisch, Fleisch, Ragouts oder Gemüse gern baden gehen ließ. Jahrhundertlang galt solche Sauce als bourgeoises Nonplusultra und ist heute frankofeiner Standard als …

WELCHE UN- UND WELCHE MENSCHENMENGEN VERSCHLANG EIN GARGANTUA?

265

Unersättlichkeit

Zu Ehren von Rabelais und gern mal verfressener Gäste wurde schon manches Restaurant »Gargantua« genannt, ohne dass der Wirt die Werke des spottbegabten geistigen Vaters Rabelais je gelesen hätte. Der karikierte seine bigotte Zeit mit Hilfe des Riesen Gargantua, den schon als Kind 17.913 Kühe säugen müssen und der später 260.418 allzu neugierige Pariser in einer regelrechten »Harnflut« ertränkt. Und jener Vielfraß verspeist einmal sogar ganz versehentlich im Salat versteckte Angsthasen, die jedoch in seinen hohlen Zähnen Rettung finden, und zwar …

Inbegriff Gargantua: Ein Riese mit noch riesigerem Appetit

sechs Pilger A

sieben Priester B

acht Jesuiten C

WER HAT SONST NOCH
EIN GANZ VERRÄTERISCHES GESPÜR
FÜR FRISCHE TRÜFFEL?

266

Gallapfelgenuss

Verräterisch: Was Trüffelhunde riechen, könnten Menschen mit bloßem Auge manchmal auch erkennen

Die damals schon begehrten Trüffel waren für den Römer Plinius »Erdschwielen« und für Plutarch »von Blitz, Regen und Sonne geschaffen«, das späte Mittelalter sah die Kostbarkeit aus dem Samen verendeten Wilds erwachsen. Dann wurde es seriöser: Im 19. Jahrhundert sollten Trüffel Galläpfel an Eichenwurzeln sein, hervorgerufen durch einen unterirdischen Insektenstich. Heute weiß man, dass tatsächlich bestimmte Luftikusse ihre Eier oberhalb von Trüffeln ablegen, die den Larven später als Nahrung dienen sollen. Ohne Hund, ohne Schwein findet man also mit geschärftem Blick Trüffel dort, wo sie so duftverführt herumtanzen, die …

A Trüffelfliegen

B Trüffeltaumelfalter

C Trüffelmücken

WOFÜR WAR SCHON HILDEGARD VON BINGEN DES LOBES VOLL?

267

Gemütsnahrung

Mit den Wandalen kam er zu uns, war lange Volksnahrung. Und er wurde noch länger vergessen. Heute genießt der Dinkel oder »Spelz« seine ganz neue Wertschätzung als Alternativgetreide mit dem Vollkorn-Nimbus. Schon Hildegard von Bingen bescheinigte den Dinkelkauern »ein aufgelockertes Gemüt und die Gabe des Frohsinns«. Am populärsten aber ist das unreif geerntete, dann gedarrte und in Buchenholzrauch aromatisierte Korn heutzutage als …

Alte Klosterweisheit:
Schon bei der Hildegard von Bingen fiel die Dinkeldiagnose sehr gut aus

Amaranth A

Grünkern B

Quinoa C

WO LIEGT DER MÜHELOSE EINGANG ZUR WÄSSRIGEN MILCH DER KOKOSNUSS?

268

Weichaugen

Recht leckeres Leergut: Es gibt einen Trick, relativ leicht an die Kokosmilch heranzukomen

A Kelchnarben

B Keimporen

C Stielansätze

Die Kokosnuss ist so inhalts- und segensreich, dass ihr Lieferant im Südseebereich auch »Baum des Lebens« heißt. Die harte Steinfrucht kommt ohne grüne oder gelbe Fleischschale zu uns und will an der akustisch leichtens zu erklopfenden Sollbruchstelle geknackt werden; in einer halben Stunde würde sie auch von Backofenhitze (bei 180 Grad) zerlegt. Zuvor aber muss ihr delikates milchiges Kokoswasser entleert werden, wozu die drei erkennbaren »Augen«, hawaiianisch *hipahipa*, unter ihrem »Bart« zu durchbohren sind. Diese Stellen sind weich, denn es sind die …

Unter welcher Bezeichnung bleiben water fans in der Bar eher unerkannt?

269

Wasserprasser

B*arflies* sind jene Tresenwesen, die auf immer neue Drinks fliegen, zu gern auf Barhockern hocken, bis sie am Ende selig abgefüllt wie flugunfähig heimkriechen. Auch das Gegenteil hat seinen Namen: Die Abstinenz-Fliege bestellt ihr Glas Wasser als *Adam's Wine*, *City Coke*, als *Sky Juice* oder *Windmill Cocktail*. Solche Gäste grausen den angelsächsischen Barkeeper – er nennt nüchterne Wasserbesteller gern mal …

Typischer Wassermann: Hockt in einer Bar, will nur Wasser und bekommt es auch – mitsamt Spitznamen

tappist **A**

hyperhydro **B**

aquabib **C**

Wer hat die Ehre seit Römerzeiten, als König der Fische zu gelten?

270

Rhombusbissen

Nicht nur formvollendet: Dieser Fisch galt den Römer als platterdings alleredelstes Wassertier

Schon die alten Römer… – sie hatten einen verfeinerten Geschmack, der uns wegen ihrer edlen Gammelfischsauce *garum* wohl eher stinken würde. Ihre Produkte aber waren vom Feinsten. Am Allerfeinsten war ihnen ein Tier, das sie sogar mit Gänseleber mästeten. Dafür hielten sie ihren »Fasan des Meeres«, den »König der Fische«, wie sie schwärmten, in Zuchtteichen. Diese römische Begeisterung galt jenem Hochgenuss *rhombus*, also dem …

A Steinbutt

B Steinbeißer

C Steinhecht

WAS TUT MAN,
WENN MAN EI UND SAHNE
DICKE TUN LÄSST?

271

Verbindlichkeiten

Manchmal sind allzu dünne Ergebnisse am Herd nur durch mutig schnelles Dicketun zu vermeiden. Dann müssen Suppen zur Samtsuppe, Pürees zur Prachtkonsistenz, Stews zu Stabilität oder Saucen zu Sämigkeit gezwungen werden. Da hilft das Legieren mit Ei und Sahne, die beide zum Anrühren und Verbinden zunächst nur ein wenig der zu dünnen Substanz aufnehmen, ehe diese Erst-Emulsion an das Ganze gegeben wird. Kochen darf dabei nichts, damit das Eigelb nicht proteintrotzig ausflockt. Dieser verbindliche Routinetrick heißt …

Lamination A

Liaison B

Legation C

Geradezu rührende Abhilfe:
Zu Dünnes muss kein dickes
Problem sein – es gibt ja Tricks

Auf welchen Beigeschmack brachte der Erfinder des allerersten Teebeutels?

272

Gebeutelt

Gern brühwarm gebracht: Teemöger fühlen sich gebeutelt, wenn man ihnen mit lediglich übergossenem Beuteltee kommt

Wie man Tee brüht, das ist Glaubenssache. Kenner schwören, dass die Kanne einen Bauch wie Buddha haben und die Blätter frei schwimmen lassen müsse. Das war beim Säubern immer etwas lästig, weshalb 1908 Abhilfe kam. Thomas Sullivan verschickte damals ab New York Teeproben in kleinen handgenähten Säcken, die bequeme Kunden unausgepackt überbrühten. Das wurde rasch Mode, aber alle beklagten den leichten Beutel-Beigeschmack. Laufend wurden Verbesserungen aus Hanf, Pergament, Zellulose und schließlich neutralem Zellstoff erfunden. Sullivans Beutel waren nämlich noch aus …

A Feinleinen

B Baumwolle

C Seide

Wie lassen sich verbrannte Holzspiesse beim Grillen vermeiden?

273

Kokelkram

Bei einem Barbecue kann man sich manchmal schwarz ärgern. Verbranntes oder Schwarz-verkrustetes schmeckt nicht mehr und zeigt die karzinogenen Nitrosamine ganz unverhohlen verkohlt. Diese Gefahr lauert beim Grillen auch in Holzspießen, Fisch- oder Würstchenstöcken, es sei denn, man bannt sie. Kenner tun's, indem sie solche Hölzer vorher eine Stunde lang …

in Wasser einlegen **A**

ins Tiefkühlfach packen **B**

vorkokelnd ansengen **C**

Am besten vorbehandeln: Dieser portugiesische Griller weiß, wie Holzspieße auf dem Grill nicht verkohlen

Wann wird Wild vom Koch mit einem Begriff aus der Kaffeeküche serviert?

274

Borderline

Verblüffung: Der Koch hat ja keinen Vogel, wenn er ihn scheinbar kaffeehaft zubereitet

Grenzgängereien auf Speisekarten sind als Methode manchmal Mode. Fisch wird mit Fleischvokabeln angepriesen, Zwischengerichtliches mit Dessertbegriffen. Doch ein Chef mit *toque* handelt korrekt, wenn er formal sein Wildgeflügelsüppchen mit Haube auftischt als …

A Macchiato vom Wilden

B Cappuccino vom Fasan

C Crema phasiana

WOMIT WIRD KVAS DAS, WAS SEINE SPEZIELLE SÄUERLICHKEIT TRADITIONELL AUSMACHT?

275

Süßsäuerliches

An heißen russischen Sommertagen erfrischt das schwachalkoholische Kvas, der süffige süßsäuerliche Trank aus Roggen- und Gerstenmalz, Roggenmehl, Zucker und Pfefferminze. In Moskau wird auch Brot vergoren, in anderen Provinzen gibt's Frucht- und Beerenkvas. Kvas-Hefe sorgt für Vergärung, Milchsäurebakterien säuern mit. In Gang gebracht wird der Prozess traditionell durch die Zugabe von …

Dickmilch **A**

Essigmutter **B**

Sauerkraut **C**

Erfrischung: Mit einem Zusatzstoff im Kvas werden wir tatsächlich ein wenig verkohlt

WIE HIESS DER WEINMONAT, DEN DIE FRANZÖSISCHE REVOLUTION DAMALS EINFÜHRTE?

276

Jahresauftakt

Die Französische Revolution hatte seinerzeit auch ihren Kalender reformiert. Die neue Monatszählung bekam neue Monatsnamen, in denen die Haupt-Ereignisse wie Nebel, Frost, Schnee, Regen, Wind oder Vegetatives wie Keim, Blüte, Wiese, Ernte, Hitze, Frucht ganz namentlich anklangen. Fortan begann das neue Jahr im alten September, der bei den germanischen Nachbarn teilweise noch »Herbstmond«, »Scheidung«, »Sau-« oder »Unkrautmonat« hieß. Denn sehr französisch war dieser erste Monat neuer Jahresrechnung, der »Weinlesemonat«, er hieß also …

A vendémiaire

B vendange

C vinifère

Im Namen der Revolution: Frankreich bekam einen neuen Monatsnamen, der allenfalls Winzern gefiel

Für wen stimmte Tabori einen tief enttäuschten kulinarischen Abgesang an?

277

Gaumenzumutung

Ganz typisch Österreich: Vieles möchte dazugehören, aber eines fiel für George Tabori unter den Tisch der Gasthäuser

Bei George Tabori lamentiert seit 1994 Protagonist Morgenstern theatermonologisch: »Mir ist ganz nostalgisch, welche Erinnerungen! Es kam im 18. Jahrhundert aus der Lombardei und eroberte den allgemeinen Geschmack, Schubert liebte es, Beethoven verschlang es, der Prinz von Savoyen ging nie ohne zu Bett, … heute ist es für einen erfahrenen Gaumen untauglich. Ja, es ist vulgär, ohne Charakter, ein verstaubtes Museumstück, unwiderruflich dahin, so wie Pferdekutsche, Vatermörder, Rockschöße, Jungfrauen und seufzendes Verlangen und Schnitzler, der Walzer, Wiener, und die kaiserliche Pracht…« – nämlich …

alles Geselchte **A**

das Wiener Schnitzel **B**

der einfache Mokka **C**

Was machten japanische Ohren aus dem mongolischen Feuertopf?

Tauchgang

Geräuschvoll: Wie der Mongolische Feuertopf singt und klingt, so tauften ihn die Japaner

Das Mittelding zwischen einem 80-gradigen Käse- und 180-gradigem Öl-Fondue »Bourguignonne« ist gemeinschaftliches Bouillon-Tauchvergnügen bei etwa 100 Grad. Auch die Asiaten lieben es, Chinesen als *huo guo* oder Mongolischer Feuertopf meist mit Hammelfleisch und sehr scharf, in Japan wird es eher milder und mit Rindfleisch zelebriert. Dort bekam das *nabemono*, also »Ein-Topf-Gericht«, den klingenden Namen nach dem Geräusch des Fleisches bei seiner Versenkung in der Bouillon, nämlich …

A Zoshi-Zoshi

B Fond-Fond

C Shabu-Shabu

Wie heisst die beste sardische Feld-, Wald- und Wiesennahrung?

279

Knuspervesper

Der Dünnstfladen *carasau* gilt als die bekannteste Spezialität Sardiniens und wird zweimal gebacken, hält sich danach lange Zeit und dient deshalb den Schafshirten traditionell als Verpflegung. Denn draußen auf den Weiden wird die Knusperschicht mit ein wenig Wasser aufgeweicht und dann mit Käse, Tomaten und mit Eiern belegt. Dieses gerade hauchdünne Brot mit den typischen braunen Backflecken hat seinen populären Spitznamen …

Gezwiebackt: Sardische Wegzehrung für Feldvespern von Bauern und Hirten ist ein hauchdünnes Trockenbrot

pane di pastore (Hirtenbrot) **A**

carta da musica (Notenblatt) **B**

farfalla (Schmetterling) **C**

WARUM LÖCHERT DER VORAUSSCHAUENDE KOCH DIE PASTETE?

280

Abzugstrick

Vor dem Völlen füllen: Die fertige Pastete bekommt in der Hofküche gerade ihr Innenleben

Pasteten beziehen ihre Auftriebskraft aus den Gasen im Inneren des Teigs und der erhitzten Luft in der geschlossenen Form, die von einem Zuviel des Gasigen im Inneren nur gesprengt würde. Deshalb sticht der Routinier ein oder zwei Löcher in den Deckel und steckt noch sicherheitshalber ein pergamentenes oder ein Alufolienröllchen hinein. Dieses spätere Einfüllloch als Sicherheitsöffnung für gedeihliches Aufgehen der Pastete heißt …

A Vulkan

B Kamin

C Ventil

Worauf sollte man bei Krebsbezeichnungen besser achten?

281

Nomenkladderatur

An all den Krustentieren, die allesamt Krebse sind, kann man namentlich fast verzweifeln. Mit internationalen Bezeichnungen hat man es da leichter: *Shrimps* sind kleinere Garnelen, egal welcher Herkunft und Art, *prawns* generell alle größeren bis hin zum *king*- oder *tiger*-Format, unseren »Riesengarnelen«. Bei Imponiergröße heißen Eismeergarnelen ebenso wie die Schwänze der südamerikanischen Rosenberggarnele hierzulande gern mal pauschal »Hummerkrabben« – und das ist dann …

Volkstümliche Genüsse: Krabben, Krebse, Garnelen sind gern mal verwirrend benamt, im Ausland zählt eher der Größenunterschied

völlig falsch **A**

nur halbwegs richtig **B**

beides korrekt **C**

Wie lautet für alle Schlaraffenlandläufigkeit der feinere Name?

282

Schlaraffinessen

Mal aus dem Vollen völlen: So ein Schlaraffenland ist eben ein wahrer Himmel, gedeckt schon auf Erden

Kochen und Backen bedeutet bei allem Spaß immer auch Arbeit. Kein Wunder, dass die Utopie mühelosen Genusses Visionen eines Wunderlandes hervorbrachte: Darin hätten die Häuser essbare Ziegel, Eierfladen-Schindeln oder Lebkuchenwände, darin füllten Wein, Milch und Honig die Flüsse, wären Steine aus Zucker oder Käse, sei Arbeit unnötig – und Faulheit, jedes Gähnen oder Schlafen würde sogar bezahlt. So ein von Kochmühen befreites Tischlein-deck-Dich-Land ist fachlich ein …

A Servonatorium

B Perpetuum nobile

C Automaton

WAS WÄRE DAS WAHRE WORT FÜR SATTTRINKER ODER FINALSCHLUCKER?

283

Unterlippenrandvoll

Satt ist, wer Messer und Gabel parallel auf Fünf-Uhr-Stellung bringt, den Hosenbund lockern muss oder wer vom Tisch dezent abrückt. Aber was ist so einer, wenn er nach allem Durst und mit gestilltem Bedürfnis dasitzt, vielleicht sogar sprichwörtlich bis zur Oberkante-Unterlippe abgefüllt? Die deutsche Sprache kennt kein Wort für »flüssigsatt«, aber »Duden« und »Lipton« wollten es 1999 finden. Doch keine der Einsendungen stillte den Durst nach einem akzeptablen Neuwort. Dennoch bekam ein 17-Jähriger den ersten Preis für die satte Neuschöpfung von …

Ich bin trunk A

Ich bin schwapp B

Ich bin sitt C

Der durstige Werbebiermann: Niemand kann sagen, was er ist, wenn er es nicht mehr ist

Welche Benamung sollte die Banane dem guten Linné nicht krumm nehmen?

284

Paradiesvision

Innovatives neuweltliches Gelb-Obst: Die unbekannte Banane musste ja erst mal getauft werden

Als Linné in den 1730er Jahren systematisch daranging, die gesamte Botanik zu ordnen und lateinisch zu benennen, muss er Floras Inspirationskuss überbewertet haben. Die Pisangfamilie taufte er *Musa*, und aus der gurkenähnlichen gemeinen Banane wurde die *Musa paradisiaca*. Doch warum sie süße Erinnerungen an den Garten Eden beschwor, bleibt sein barockes Geheimnis. Immerhin war das Faszinosum Banane so groß, dass frühe Eindeutscher, Linnéscher Fantasie folgend, der neuen Tropenfrucht einen Beinamen gaben, nämlich …

A Paradiesfeige

B Evasapfel

C Edengurke

Wann gibt die Church of England der Nation das Plum-Pudding-Signal?

285

Rührseelsorge

Der *Christmas pudding* ist ein *Plum pudding* aus einem Wasserbad, oft ohne jede Trockenpflaume. Er ist ein Ritual mit Glückssymbolen als Zutat. Traditionell rührt dann jedes Familienmitglied einmal um, um Fortuna zu Tisch zu bitten. Eine Woche vor dem 1. Advent wird solch ein *Christmas pudding* zubereitet, damit er lange reifen und der Alkohol bestens einziehen kann. Seit dem 16. Jahrhundert gilt sogar ein spezielles Sonntags-Gebet in der anglikanischen Kirche als Pudding-Signal – gesprochen am 5. Sonntag vor Weihnachten, am sogenannten …

Zu Christmas ein sanftes Puddingglimmen: Die Kirche gibt sogar das Startzeichen zum vorweihnachtlichen Anrühren

Plum-Rum-Day **A**

Stir-up-Sunday **B**

Puddingmorning **C**

WAS STACH DEN BÄCKERLEHRLING, ALS ER DIE MITTE DES DOUGHNUTS AUSSTACH?

286

Trotzloch

Keine Frage mehr zum Löchern: Das Loch im »donut« hat in der Tat seinen Erfindervater

Es gibt bohrendste Fragen sowie Löcher mitten im Alltagswissen, die quälen – etwa die, wann denn das erste Loch in einen *doughnut* kam. Die allerersten der in heißem Fett gebackenen US-Teiglinge waren in der Tat lochlos, wie alle unzerstörten US-Archive belegen. *Pilgrim fathers* hatten die Krapfen aus Holland mitgebracht, aber in ihrer alten Form, wie seine Mutter sie buk, gefielen sie später dem Knaben Hanson Crockett Gregory nicht mehr – als 15-jähriger Bäckerlehrling in Camden/Maine stach er anno 1847 folgenschwer mal die Mitte aus. So, heißt es, erklärt sich diese kulinarische Leerstelle, denn Hanson wollte ja bloß …

A vor allem am Teig sparen

B deutlich mehr Randkruste

C eine bessere Durchgarung

WAS TUN HÜLSENFRÜCHTE GUTES, AUSSER VORURTEILE AUFZUBLÄHEN?

287

Leidensdruck

Jedes Hülsenfrüchtchen hat es in sich – das Potenzial nämlich, den Darmbakterien Ermunterung zu geben wie dem Affen den sprichwörtlichen Zucker, denn seine verhülsten und unverdaulichen Kohlenhydrate wie Stachyose und Raffinose lösen sich nur in peinliches Gas auf. Dagegen empfehlen alte Küchenrezepte die Zugabe von frischem Brot, Kümmel, Anis, Koriander, Kardamom – eben zur Druckminderung. Auch Abgießen von Einweich- oder erstem Kochwasser hilft, wird aber nicht unbedingt empfohlen, weil so wertvolle Vitamine sowie andere gute Inhaltsstoffe mitentsorgt werden. Denn schließlich liefern Hülsenfrüchte blähtoleranten Essern Höchstmengen – nämlich von pflanzlichen …

freien Radikalen **A**

Eiweißen **B**

Mineralstoffen **C**

Noch ganz friedlich fürbass: Wandern jedoch Hülsenfrüchte durch den Körper, geben sie ordentlich Gas

WIEVIEL DARF EIN HEIMBRENNER MEHR ODER WENIGER HEIMLICH BRENNEN?

288

Partybrannt

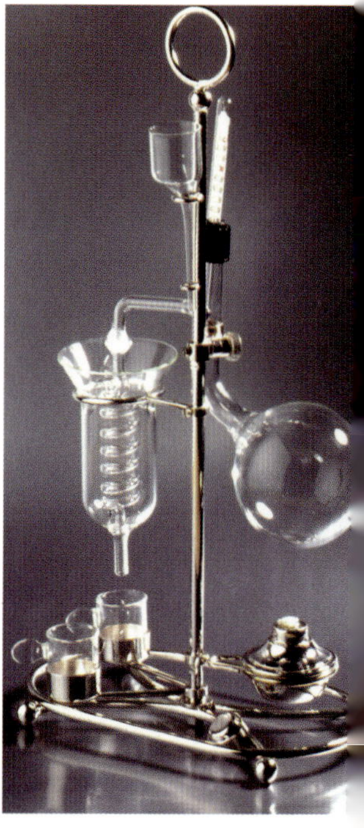

Höchst privat raffiniert: So destilliert mancher daheim gläschenweise

Party-Destillen sind ein sparsamer Spaß: Aus der Brennblase mit dem Halbliter-Volumen tropft gerade mal ein Gläschen Hochprozentiges. Die Bundesmonopolverwaltung, die sonst nur »Verschlussbrennereien« oder allenfalls pauschalbesteuerte Kleinbrennereien gestattet, drückt bei solcherlei Kleinstgeräten ein Auge zu. Die Menge Branntwein, sonst fiskalisch strengst »hochsteuerbar«, liegt beim privaten Brennen nämlich bei:

A null Litern

B zwei Litern

C fünf Litern

Wonach duften gewisse venezianische Kleinkraken so unnachahmlich?

289

Krakenduft

Feines vom venezianischen Fischmarkt: Kleinkraken mit Edel-Aroma

Die schönste Platte *fritto misto di pesce* ist mit kleinen leckerlockigen *moscardini* garniert. Die frittierten Molluskel-Kleinigkeiten heißen auch *mughetti*, was eigentlich nur Maiglöckchen zusteht, in Venedig werden sie auch als *polpetti* serviert – als kleine Kraken also, je kleiner, desto gesuchter und teurer. Ihre Besonderheit ist der feine Duft im frischen Zustand, der sogar noch bei gesottenen *moscardini* spürbar ist – der gewisse Hauch von …

Muskat **A**

Moschus **B**

Most **C**

WAS IST ES,
DAS DIE CRANBERRIES
SO VERBITTERT?

290

Herbbeeren

So viel Small Talk muss sein bei Tisch, wenn zu Wild oder Fleisch Cranberries als Kompott oder orangenverlängertes *relish* genossen werden: Dass die roten Kugeln aus den USA eigentlich Moosbeeren und längst in Holland und Polen kultivierte Preiselbeeren seien, dass sie mit den Heidelbeeren verwandt, aber eben entscheidend viel herber wären und so trockenste *turkeys* veredeln würden. Diese geschätzte Bitterkeit verdanken Cranberries allein dem typischen hohen Anteil von …

A Japanbitter

B Chinasäure

C Tundendrin

Bittersüß: Ersteres sind Cranberries von Natur aus, zur Süße muss ihr erst die Küche verhelfen

Welche Mittelmeerinsel hat von jeher das Mastix-Monopol?

291

Würztränen

Naxos **A**

Zypern **B**

Chios **C**

Wir können es noch wie in der Antike wie ein Kaugummi kauen, aus türkischen Süßigkeiten oder den griechischen Osterbroten herausschmecken, in ägyptischen Eintöpfen ahnen, im Rauch duften lassen, als Bonbon lutschen, im Eis schlecken und im Spezial-Ouzo trinken. Oder uns einen Theaterbart damit anheften. Das klebrig-süße Mastix vom Pfefferstrauch tränt zäh aus verletzter Rinde und ist ein uraltes Süß- wie antiseptisches Heilmittel aus exklusiver Quelle. Von alters her hat eine Insel praktisch das Monopol, nämlich …

Antikes Chewinggum: Mastix hat eine Menge Gutes, aber nur eine Quelle

Wie nannte man ganz brechstangenmässig die ersten Dosenöffner?

292

Blechstärke

Anno 1935 redeten Verpackungsdesigner von »Krueger« in den USA kein Blech mehr, als sie vorschlugen, eine Flaschenmenge *cream ale* samt Kohlensäure in eine Konservendose einzusperren. 91 Prozent der Testtrinker mochten es, 85 Prozent zogen die bequeme neue *can* der alten *bottle* vor. Nur mussten sie in das anfangs allzu dicke Blech mühsam erst Trink- und Luftlöcher hebeln. Schon deshalb bekam das mitgelieferte, reichlich plumpe Hebelwerkzeug sehr bald den Spitznamen …

Hochlöbliche Erfindung: Nur das Aufkriegen solcher frühen Dosenbiere war eine Qual

- **A** Kuhfuß
- **B** Kirchenschlüssel
- **C** Wagenheber

Welcher Frühjahrsfang wird erst nach Bassinmast zum Sommergenuss?

293

Wörtherseewort

Still ruht mancher See und liefert zum Abendrot das Abendbrot in Gestalt seiner ganz speziellen regionalen Fische. Denn am Wörthersee fängt man im stillen Frühjahr einen Fisch, der sonst in der kühlen Tiefe gründelt und dabei fett und geradezu welsenhaft riesig werden kann. Kleine gefangene Exemplare werden bis zum Sommerrummel in Bassins gehalten und dann etwa als grätenloses pochiertes Schnitzelchen auf Walnussrahmsoße serviert. Diese Köstlichkeit liefert der regionale …

Welser A

Waller B

Renker C

Sommer-Delikatesse: Aus regionaler Tiefe auf den flachen Teller

Wie hiessen einst die Zucchini, ehe sie sich als Italiener durchsetzten?

294

Kürbisneuheit

Die linkspolitische Toskana-Fraktion sammelte sich ja Anfang der 1970er Jahre erst noch, indem sie beim *vino* politisierte und von Bildungs- und Gourmet-Reisen profitierte sowie zunehmend mediterrane Rezepte goutierte. Damals faszinierten jene Gurkenkürbisse, die vielen Urlaubern im mittelmeernahen Schlaraffenland schon als *zucchini* serviert worden waren. Doch der klassische Name dafür war in jener Frühzeit noch …

Anfangsschwierigkeiten: Italiens Zucchini schmeckten früher unter anderem Namen

A Courgette

B Gurkinella

C Kurbisto

Welchem Fisch wäre Captain Cook um ein Haar ins Jenseits gefolgt?

295

Bordschweinerei

Unfreiwillig spielte Captain Cook 1774 an Bord der »HMS Resolution« Vorkoster für eine heute fast legendäre Zubereitung von Fischleber und Rogen. Im Bordbuch beschrieb er, wie ihn nach nur einer Kostprobe Schwachheit übermannte, wie die Gliedmaßen wie abgefroren glühend auftauten, wie seine Hände Schweres und Leichtes nicht mehr unterscheiden konnten. Ein Brechmittel beendete die Halluzinationen, ein Bordschwein fraß die Reste und verendete. Seitdem ist die Delikatesse, die nur speziell zugelassene Köche zubereiten sollten, sozusagen belüchtigt, denn sie rafft ja immer mal wieder Genießer dahin wie Japans Kabuki-Star Mitsugoro Bando VIII. im Jahre 1975 nach drei Portionen. Die bei falscher Zerlegung hochgiftige Spezialität heißt …

Fanatagotchi A

Futschisushi B

Fugufisch C

Doch kein Mordversuch vom cook von Cook: Der Entdecker überlebte und beschrieb eine klassische Vergiftung

WIE RETTETEN KIRCHENKREISE DEN UNZUMUTBAREN »LIEBESAPFEL« INS NEULATEINISCHE?

296

Apfelamor

An Vatikan-Tafeln wird sicher nicht schlecht gespeist und die *ars culinaria*, die Kochkunst, nach alter Römer Sitte lateinisch gewürdigt: *Citrum grande* (Pampelmuse) zum Frühstück, manchmal *Aciponseris ova* (Kaviar), freitags *carpa* (Karpfen), zum Nachtisch *pomorum placenta* (Apfelstrudel). Für all solches nach Petrus' Zeiten fand eine Kommission bisher den neulateinischen Begriff, und wenn es mal der Fernseher war (*apparatus transmissorius*). Der Liebesapfel, also die Tomate aus der Neuen Welt, heißt in Kirchenkreisen:

Neuküchenlatein: Die kochenden Nonnen des Papstes mögen italienisch beliefert werden, aber offiziell köcheln sie neulateinisch

A malum paradisi

B lycopersicum

C pomum amoris

Wem verdanken Champagnerzelebrierer ihr schlagendes Ritual?

297

Säbelhiebeliebe

Nur wenige beherrschen die schäumende Show. Statt sich mit Champagneröffnen herumzuquälen, schlagen sie kurzerhand den Hals samt Korken ab. Mit Routine, einem echten Militärsäbel (76 cm) oder einer kürzeren Replik und bei guter Vorkühlung gelingt nach Drahtentfernung das Bouteille-Köpfen entlang der Glasnaht und gegen den ersten Wulstring spektakulär. Bei Fehl-Schlägen explodiert schon mal die pikierte Magnum, die wiederum ungekühlt und bei Volltreffern zu einer Schampusfontäne wird. In feinen Kreisen war der Ruf »*Sabrer le Champagne!*« (»Säbeln wir den Champagner!«) ein Must. Den hatten siegesübermütig erfunden …

Alte Arroganz: Wenn einst Champagnerflaschen der Schlag traf, dann mit Wucht und Können durch solche Waffe

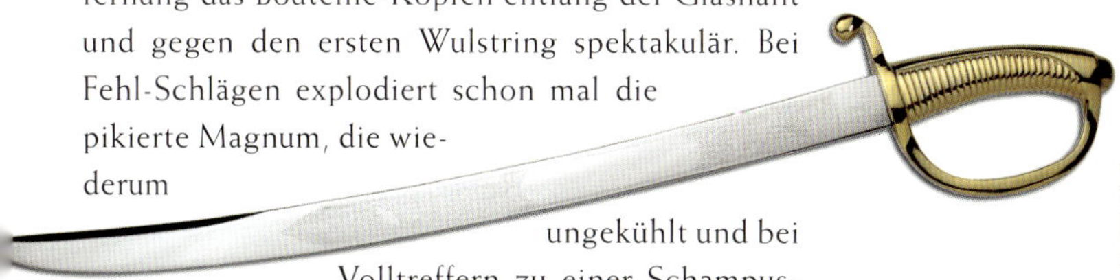

Nelsons Stäbe **A**

Napoleons Offiziere **B**

Prinz Eugens Husaren **C**

WAS KANN EINEN SCHON MAL IN EINEM TYPISCHEN CHINARESTAURANT BUCHSTÄBLICH UMHAUEN?

298

Würzwirkung

Chinatown in San Francisco: Auch hier gibt es Glutamatalarm

Globalisierender *small talk* bei Tisch kommt immer mal wieder auf das überreichliche Monosodiumglutamat (MSG) und all die Gefahren des »China Restaurant Syndroms« zu sprechen, weil nicht nur asiatische Köche den Würzwecker und Geschmacksverstärker gern mal händevoll drangeben. Auch Sterne-Küchen wurden schon als allzu glutamatfreudlich geoutet. International heißen die MSG-ausgelösten Körperstresssymptome …

A Cook's killer

B Wok's wobbling

C Kwok's disease

Welche angelsächsische Genussform schmeckte gallischen Sprachschützern nicht?

299

Wortschöpfung

Anno 1740 verbot die »Académie française" dem Adels- und Volksmund nicht mehr die neumodischen Lieblingswörter, sondern erkannte manchen Gebrauch denn doch gnädig an. Damals war das lautmalerische »Kleinigkeitenherauslesen« bei geselligen Zusammenkünften so chic geworden, dass auch ganz unfranzösische Insulaner begeistert waren und diesen Begriff für einen zelebrierten neuen Genuss auf unterster Ebene übernahmen. Das Neuwort war …

Pique-nique A

Dip-lip B

Breakjeuner C

Nationalisiertes Modewort: Gallier sehen sich fremde Gourmetwörter oberkritisch an

Wie heissen entstachelte Kakteen als Modefrüchte?

300

Aztekenkaktus

In dieser Form in Stachelfreiheit: Früchte vom Aztekenkaktus sind eigentlich sehr bewehrt

Der Appetit auf Exotenfrüchte ist inzwischen maßlos, mittlerweile liefert gar eine ursprünglich zentralamerikanische Kaktusart dekorative »Erdbeerbirnen« oder *dragon eyes*, die allerdings schon beim Ernten entstachelt werden. Als was die großschuppigen Früchte nament- wie wortwörtlich schon Azteken schmeckten, weiß niemand mehr, die Chronisten der *conquistadores* übernahmen das so uralte wie unerklärbare Aruak-Wort aus der Karibik, das bis heute dafür üblich ist für die dekorativen …

A Cactohuatls

B Pitahayas

C Kaukautas

UND WIE HEISSEN JERUSALEMARTISCHOCKEN VON ALTERSHER?

Wurzelobst

Im Südfrankreich-Urlaub kommt die uramerikanische Indianerknolle noch vom Feld direkt auf den Teller und schmeckt dann mariniert, püriert oder gebacken. Die süßliche und stärkefreie »Rosskartoffel« oder »Erdbirne« heißt unter Wurzel-Kennern sogar »Jerusalemartischocke«. Aber auch als *sunroot* oder mit dem Marketing-Neunamen »Helianth« wurde die Knolle noch kein rechter deutscher Markterfolg – sie heißt und sie bleibt namentlich einstweilen …

Topinambur A

Batate B

Zichorie C

Erdbirnen als Artischocken: Helianth heißt noch ganz anders

Welche Technik könnten sich Europäische von chinesischen Köchen abschauen?

302

Chinanaturell

Der Blick in fremde Kochtöpfe kann so appetitanregend wie erhellend sein – vor allem, wenn sie möglichst weit weg dampfen oder gar Woks heißen. Aufschlussreich war in den 1980er Jahren die stolze wie kränkende Aussage von Kenneth Lo, *chef* in London, dass europäische Köche vieles könnten, was Chinesen auch können »und umgekehrt, aber von einer bestimmten Handhabung haben sie keine Ahnung« – was er meinte, war Europas Umgang mit …

Hitze **A**

Enten **B**

Algen **C**

Könnerschaft: Das Riesenreich der Mitte soll uns kochtechnisch angeblich einen Riesenschritt voraus sein

WIE HEISST DIE BANANE,
DIE ALS SÄTTIGUNGSBEILAGE WAS
KARTOFFELIGES HAT?

303

Exotenbolle

Anno 1985 drehten Erstkäufer in Europa ein krummes Ding zunächst ratlos hin und her, bis sie nach unerwartet mühsamem Pellen fast alle afrikanischen, südamerikanischen oder südostasiatischen Anwendungen nachgekocht hatten. Serviert wurde schließlich eine Art exotische Kartoffelbeilage. Das mehlige Ding und ferne Grundnahrungsmittel mit den vielen für unsere Ohren skurrilen Namen heißt in deutlicher Unterscheidung von der großen Schwester mit dem bequemeren »Reißverschluss« …

A Stachys

B Manihot

C Plátano

Kennerschaft: Nicht alles, was so einer Banane ähnlich sieht, hat auch Banane drin

WAS SAGEN KÖCHE,
WENN SIE UNBEDINGT MAL ÜBERZIEHEN
WOLLEN?

304

Verdeckspiel

Oben hui: Und was drunter lecker ist, wird gekonnt mit einem Guss und einem Fachwort verdeckt

Manchmal ist es eher undurchsichtig, was Köche so treiben, und wenn es mal ganz dicke kommt, ist das, was sie dann angerichtet haben, gar nicht mehr zu erkennen, weil mit viel zäher Flüssigkeit »nappiert«. Dafür haben Kochprofis dann ihr zweites Fachwort, sie sagen dazu …

A brüskieren

B maskieren

C couvrieren

Wovon kommt Carob, und was machte die Samen so hochkarätig?

305

Kerngewichtig

Im Bioladen sind längliche, schwarzbraune Carob-Samen und ihr gemahlenes Pulver süßerer Kakao-Ersatz oder ein pflanzliches Bindemittel. Den Dauernutzwert aber, den brachte ihnen nur ihr absolut unveränderliches Gewicht von genau 0,18 Gramm und ließ sie so zur frühen Maßeinheit für Gold werden: Aus dem altgriechischen »kleinen Gewicht« jedes Samen wurde »Karat«. Bibelfeste wissen, dass die Carob-Frucht einst Wüstennotnahrung war, weshalb der botanische Lieferant auch den Namen des Gespeisten trägt, nämlich …

Einst mit Gold aufgewogen: Carobsamen sind Gewichte und eine elementare Wüstennahrung

Johannisbrotbaum **A**

Matthäusknollenstrauch **B**

Adamsapfelbaum **C**

Was haben die Bataten mit unseren Kartoffeln zu tun?

306

Knollologie

Für Amerikaner sind die Knollen ein Knüller, weil sie als *sweet potatoes* etwas Süßliches haben und ohnehin aus der Neuen Welt stammen. Die Bataten werden deshalb auch gern mal wie in der zentralamerikanischen Tropenküche mit einer Orangensauce serviert. Die exotischen Wurzelknollen von *Ipomoea batatas* galten in England schon als Delikatesse, bevor Kartoffeln in Rest-Europa Mode wurden. Dabei sind Bataten mit dem alten Importnamen »Malagakartoffeln« mit unseren Kartoffeln …

A eng verwandt

B entfernt verwandt

C nicht verwandt

Bataten warten darauf: Sie sind süß genug für eine begleitende Orangensauce

Wo liegt der Rekord für belgisch aufgeschlagene Eier für ein Omelett?

307

Rührseligkeit

Zu viele Köche verbessern nur das Rührei: In Belgien werden jährlich Rekordpfannen gefüllt

Einen Rekord stellten »Swatch«-Mitarbeiter in Yokohama auf, als sie anno 1994 160.000 Eier für ein Omelett von 128,5 Quadratmetern aufschlugen. Im belgischen Malmédy wird alljährlich Mitte August auf dem Place de Rome vor Zuschauertribünen von einer *Confrérie de l'Omelette Géante*, der lokalen »Bruderschaft des Riesenomeletts«, ein regelrechter Eier-Teich in 12 Minuten rührend verfestigt. In ihm stecken dann immerhin …

10.000 Eier **A**

100.000 Eier **B**

200.000 Eier **C**

WIE HEISST DAS FORMSCHÖNENDE HINSCHNIPPELN IN DER KÜCHE?

Knochenkrone

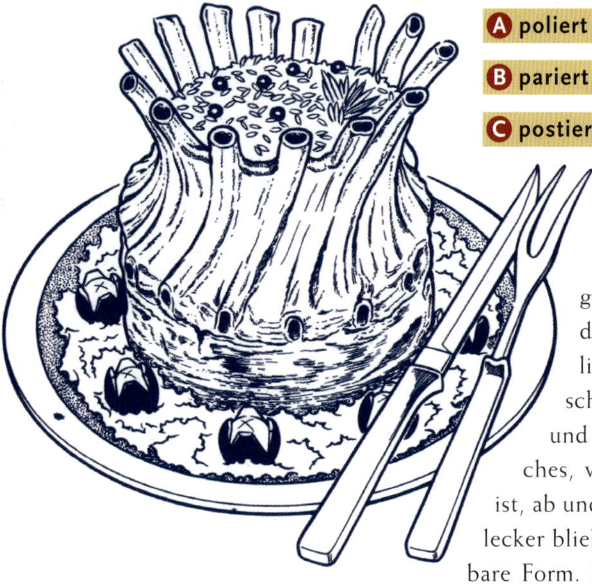

Schöne Krönung jeder Tafel: Unzertrennte Lammkoteletts lassen sich derart dekorativ hinbiegen

- A poliert
- B pariert
- C postiert

Es wird ja nicht alles so gegessen, wie es dem Koch angeliefert wird – er schnippelt, putzt und trennt da manches, was nicht essbar ist, ab und schneidet, was lecker blieb, in die erwartbare Form. Der Fachbegriff dafür gilt auch für stark zurückgeschnittenen Lammkoteletts, denn die hübsch heruntergeputzte Knochenreihe wird zwiefach dekorativ gegeneinander verschränkt oder noch schöner, wie es heißt, »zur Krone« geformt, küchentechnisch also mal eben …

Wer kam zu dem Ruf, notgedrungen ein Kenner von Innereien zu sein?

309

Resteverwerter

Zeige mir, was du isst… – das Klischee sagt dann, woher du kommst. Danach is(s)t man ein Makkaroni (I), Käskopp (NL), Froschfresser (F), Kraut (D) oder eben ein Kuttelesser. Als Letzterer galt jeder eher unfreiwillig zurückgebliebene Reste- und Innereiverzehrer an Land, weil er ja das Beste vom Schlachthof traditionell den heimischen Seefahrern mitgab. Und als Dank blieb der Ruf als *tripeiro*, was gilt für den …

Stadt der Innereienmöger: Wo das Denkmal für Infante Dom Henrique, also Heinrich den Seefahrer, ragt, haben die Hafenstädter einen Spitznamen

Sevilla-Spanier A

Genua-Italiener B

Porto-Portugiesen C

Was sind Dicke, wenn man sich mit dem Wort dick schwertut?

310

Korrektschlemmer

Pauschalvergnügen: Bei derartiger Werbung ist im Preis alles drin, und wer dann dabei zu dick wird, hat kein PC-Problem

Auch in der Welt der »Political Correctness« (PC) wird gegessen, allerdings wird da gern ein *plougher's lunch* zum *ploughperson's lunch*, die *waitress* zum *waitron* oder die *dinner lady* zum *kitchen assistent* neutralisiert. Die Fairnessversuche schonen da auch alle übermäßigen Esser (als »Giernachgeber«) oder gar Fresser (als »Magenzumuter«) selbst dann, wenn sie ihre Figur überbetont haben. Sie gelten in der PC-Sprache buchstäblich als …

A »horizontal herausgefordert«

B »erdanziehungskräftiger«

C »Doppelsitzsucher«

Warum muss Verbitterung über bitteren Spargel eben überhaupt nicht sein?

311

Unverbittert

Trick beim Spargelkochen: Vorbeugen

Zu dicht am Wurzelstock gestochener Spargel ist am dicken Ende immer bitter. Wird er spargeschält und am Ende vorbeugend mit großzügigem Schnitt abgebittert und entholzt, könnten solche am Ende dann deliziösen Stangen all die Mühen entlohnen. Es bleibt nur der Rest Ungewissheit, ob die garziehende Charge nicht vielleicht doch ein wenig bitter blieb. Ein alter Küchentrick beugt vor und saugt die Bitterstoffe vereits im Kochwasser auf. Dazu genügt bloß ein schwimmendes Stück …

geronnenes Eiweiß A

Weißbrot B

Kartoffel C

Was wird in den USA für all jene propagiert, die keinen Herd-Trieb haben?

312

Herdhasser

Das private Kochen artet für manche in Stress aus. Sie empfinden Arbeit in der Küche als Arbeit gegen die Uhr, haben kaum Talent zur Vorbereitung oder wenig Fantasie für flexiblere Rezepte und zwangsläufig keine genossenen Erfolgserlebnisse. In den USA propagieren deshalb Herdhasser das einmalige systematische Vorkochen und Bevorraten durch Einfrieren. Diese so überwiegend kalte Küche bekam ihr schlagwörtliches Kürzel …

A OCMM (Offensive Convenient Menue Managing)

B OSHK (Only Sunday Hot Kitchen)

C OAMC (Once A Month Cooking)

Ganz im Gegenteil: Wer in den USA nicht kochen mag, darf sich als Teil einer Bewegung fühlen

AUS WELCHER REGION KOMMEN COQ & CO MIT DEM ALLERBESTEN RUF?

313

Bratenschutz

Auslage für Kennerblicke: En France wetteifern die Regionen um den allerbesten Geflügelruf

Eine historische Landschaft in Ostfrankreich sorgt traditionell für gallische Festtagsbraten und international für Hochgenüsse, weil sie sich auf Geflügel spezialisiert hat, das durch Milchmaisfütterung und Auslaufgarantie auf zehn Quadratmetern so lecker ausfällt, dass ihm das französische Parlament schon 1957 die AOC-Ehre verlieh. Diese »Appellation d'Origine Côntrolée«, die kontrollierte Herkunftsbezeichnung, ist seither Schutz für …

- poulet de Bresse **A**
- coq de la Champagne **B**
- poularde de la Provence **C**

WELCHEN NAMEN HAT DIE SALATSCHÖNE GRUNDLAGE FÜR AUFREGENDE AUFLAGEN?

Schneiderei

Für den klassischsten Hummercocktail im Glas oder ähnliche Einbettungen von Köstlichkeiten ist ein Blatt Kopfsalat quasi als bettendes »Laken« oder auch die lose »Schüttung« aus grob geschnittenen, »zerfetzten« Salaten oder Kresse üblich. Für diese rohe Vorgerichtsunterlage oder für gedünstete Gemüse als Garnitur in Streifenform gibt es ein schöneres Wort der Haute Cusisine …

Bettung sowie Schüttung: Was so garniert wird, hat einen feinen Namen

- **A** Tapisserie
- **B** Chiffonade
- **C** Matelas

WARUM BEKOMMEN COCA-BESTELLER IN TAPABARS OFT GAR KEINE COLA?

315

Tapalapapp

An einer spanischen Bar ist gut Stehen, weil *tapas* die Drinks begleiten oder umgekehrt. Neulingen aber kann es passieren, dass sie lediglich eine »Coca« bestellen und etwas länger als

Aneinander vorbeibestellt: Ein Drink kann eine Tapa bedeuten, und das Restaurant macht damit keinen Fehler

sonst darauf warten müssen. Und dann wird eine Riesen-Tapa mit der Frage serviert, was der Gast denn dazu trinken möchte. Wie sollte er auch wissen, dass *coca* ein Nationalgericht ist. Notfalls passt ja auch eine nachbestellte »Coca« dazu, denn die ganz andere *coca* ist und schmeckt nämlich …

wie Fischeintopf **A**

wie Kokostörtchen **B**

wie Pizza **C**

Warum hätte Maniok eigentlich den Namen Giftwurz verdient?

316

Giftwurz

Die Kassava-Wurzel Maniok hat's in sich: Viel Stärke, kaum Proteine und eine Menge Gift: 15 bis 400 mg/kg je nach Sorte, je bitterer, desto mehr. Potenziell gefährliche Glucoside lagern sehr dicht am Enzym Limanarase, weshalb bei Zelltrennwandzerstörung und bei Wasserkontakt ein tödliches, allerdings auch flüchtiges Gift entsteht. Deshalb konnte Maniok nie frisch und nur durch giftzerstörerisches Kochen, Auswaschen oder Fermentieren zu einer Volksnahrung werden. Dieser Killer im sogenannten »Brot der Erde« ist im Rohzustand das …

- A Cyanid
- B Acrylamid
- C Alkaloid

Maniok giftet uns an: Die rohe Wurzel will ungenießbar sein

Weshalb hat der Aprilscherz in Frankreich seinen ironischen Beigeschmack?

317

Spaßprodukt

Anno 1564 dekretierte Karl IX., dass Neujahr fortan nicht mehr am 1. April, sondern am 1. Januar zu feiern sei. Doch am weiterhin unvergessenen ersten Apriltag 1565 protestierte das Volk, indem es sich gegenseitig veralberte und »Neujahrsgeschenke« nur symbolischster Art machte. Bis heute werden am 1. April in Frankreich ganz bestimmte Formen aus Zucker, aus Marzipan oder aus Schokolade vernascht, im Elsass dergestalt als Gebäck. Kinder machen sich den Spaß, Erwachsenen die Traditionsform als Papierschwanz an den Rücken zu heften und sie damit sichtbar in den April zu schicken, mit einem …

Sehr volkstümlich: Aprilscherze aus Protestlaune

poisson d'avril – Aprilfisch **A**

poisson du Charles – Karlsfisch **B**

poisson à la point – Punkt-Fisch **C**

Wie lautete einst der deutsche Inbegriff für britischen Curry?

318

Pfefferwort

Wer um die vorletzte Jahrhundertwende einen »gepfefferten Reisbrei« nach indischer Art mochte, goutierte nicht unbedingt das arrogante Britenwort »Körri«, nach dem diese »pikant schmeckende Mischung von Gewürzen« hieß. Nationalistischere Zungen brannten auf ein deutsches Wort für *curry powder* und fanden Geschmack an dem Inbegriff …

A Hindipfeffer

B Ragoutpulver

C Bombaywürze

Very sorry, Curry: Manchmal mochten Deutsche nur das Wort nicht

WIE MESSEN FORMALISTEN DIE SÜSSE VON IMPORTIERTEN KIWIS?

319

Rundsüße

Eigentlich ist die Kiwi eine »chinesische Stachelbeere« und ursprünglich ziemlich unattraktiv lang behaart. Das wurde glatterdings weggezüchtet, dann wurde die Frucht auch noch innen gelb und weiß »hergestellt« – und war immer noch nicht perfekt. Nach EU-Verordnung 1673/2004 muss sie als Klasse Extra oder I auch noch nahezu kugelrund sein. Mindestreife und -süße sind ebenso vorgeschrieben, was vom Zuckergehalt abhängt, messbar in Graden mit dem Namen eines Österreichers, der die optische Zuckerhaltigkeitsmessung anno 1870 entdeckte, also in …

Schlager im Export: Importkiwis müssen jedoch EU-Hürden nehmen

Grad Joule A

Grad Oechsle B

Grad Brix C

Was hat den gewissen Knoblaucheffekt ohne die Knoblauchpenetranz?

320

Ausatmen

Dufte Abwechslung: Wem Knoblauch zu stark ist, hat leicht eine Schwäche für Schlangenlauch

Die Knolle ist ein Knüller aus Deutschland, zumindest wurde der allemagnische Zweitname neben »Schlangenlauch« zu dem für die provenzalische Zwiebel, welche Empfindlichen als Knoblauchersatz dient, wie der Bärlauch auch. Sie hält sich nicht lange, schält sich leicht und macht auch Atem nicht ganz so anhaltend verdächtig wie allbekannt der berüchtigte Gattungsbruder Knofi. Daher sein Marktname »italienischer Knoblauch«. Fällt diese Gewürzzwiebel mal klei-

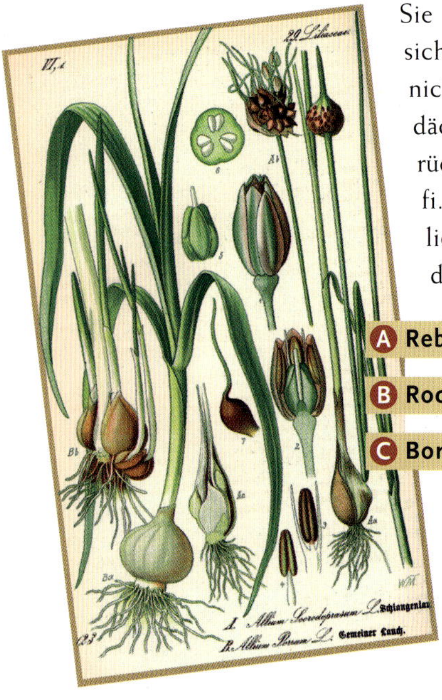

A Rebamcole

B Rocambole

C Bomarzole

ner aus, gleicht sie miniatürlichen Perlzwiebeln und kann sie sogar ersetzen – groß und großartig aber ist sie die …

Was heisst denn beim Griechenlandfeta eigentlich Feta?

321

Hellasmonopol

Gegen die kulinarische Globalisierung und Banalisierung des Geschmacks setzt die EU ihre »geschützte Ursprungsbezeichnung« zur strengen Regionalisierung von Spezialitäten ein. Also gibt es seit Oktober 2007 keinen mit überwiegender Kuhmilch verfälschten Schafskäse aus der Salzlake mehr. Und er darf, so er »Feta« heißt, nur aus Griechenland kommen, wo er allenfalls ein wenig verziegenmilcht wird. Das ist fast skurril, denn *feta* heißt ja auf Griechisch eigentlich bloß …

Markenmarkant aufgetischt: Nur Griechen und ihre Schafe dürfen echten Feta produzieren

Schnitte **A**

Weißheit **B**

Rechteck **C**

WAS SAGEN AUSTRALIER, DENEN DAS VOLLE FRÜHSTÜCKSWORT VIEL ZU LANG WÄRE?

322

Antipodenfrühstück

Andere Welt: Australier haben funny words for food

In Australien sind Genüsse von ganz besonderer Mundart: Spaghetti Bolognese sind bloß *spag bol*, und ein Hühnchen kommt als *chook*, ein Würtschen als *snag*, Food generell als *trucker* auf den Antipoden-Tisch. Alkohol ist pauschal *grog*, die Tasse Tee oder Kaffee bloß *a cuppa*. Und wenn sie *downunder* das Frühstück servieren, dann ist das nur ein …

- **A** coffcoff
- **B** firsty
- **C** brekko

Was sagen Japaner, wenn sie »McDonald's« sagen wollen?

323

Fastofudo

Nippon hat seine eigene Gourmet-Sprache, um ausländische Leckereien japonisieren zu können. Ihre phonetische Silben-Umschreibung Katakana für *fillet of fish* lautet dann *fire ofu fishu*, Hamburgers sind *hanbaga* und Cheeseburgers die *chizubaga*. *Pommes frites* oder *french fries* dazu sind nur *furaido poteto*. Und all das bekommen Japaner bei »McDonald's« – oder in Katakana eben bei …

Versilbungstrick: Verfutterte Japaner können fremde Genüsse ganz easily japonisieren

A Makidonaldi

B Makudonarudo

C Makosnacko

WIE BESTELLT MAN IN DEN USA WUNSCHGEMÄSSE EGGS?

324

Eiertanz

Ei, da kommt es: Ein egg bestellt man in den USA höchst wortverschieden

Ein amerikanisches Eierfrühstück ist höchst vielseitig: Mit *in and out* bestellt man ein sehr weich gekochtes Ei, *two in the water rough* wären da zwei harte, *dead eyes* ganz allgemein Spiegeleier, *pig in the mud* ist ein Omelett mit Speck, als *hamlette* käme es mit Schinken. Wer ausdrücklich zwei Eier gespiegelt oder gerührt haben möchte, ordert …

A Double bubble

B Kessler twins

C Adam and Eve

Als was wurde, als Vicky Witwe ward, Champagner zum Trauertrunk?

325

Trauertrunk

Als Prinzgemahl Albert 1861 starb und das britische Imperium mit Queen Victoria trauerte, trug und trank auch die High Society schwarz – ein Guinness hatte nämlich die rechte Trauerfarbe. Da es unschicklich war, in jener Zeit eine Bottle Champagner zu öffnen, tat dies der Barkeeper im »Brook's Club« ganz heimlich und verlängerte damit das irische Trauerbier. Der Tarn-Drink wurde rasch berühmt – er hieß ja auch ganz würdig und heißt bis heute …

Black Velvet (Schwarzer Samt) A

Dark Mood (Düstere Stimmung) B

Vicky's Tears (Viktorias Zähren) C

Victoria vor ihrem betrauerten Albert: Kein Champagner zur Denkmalsenthüllung, den gab's damals nur im tiefschwarzen »Guinness«-Gewand

WIE SCHWÄRMTEN DIE PERSER VOM KAVIAR, ALS ES IHN NOCH SATT GAB?

326

Eierfreuden

Höchstpreisig: Als Kaviar noch wohlfeil war, schmeichelten ihm die Perser mit besonderem Beinamen

Die Türkendelikatesse *havyar* bedeutete mal nach dem persischen Vorbild »Eiträger«, meinte den Stör und auch gleich seine noch unbefruchteten, kugelrunden Nachkommen mit. Die italienische Renaissance lautmalte sich daraus den *caviale*, der einst Massenware war und erst im 20. Jahrhundert knapper und also teurer wurde. Im Persischen selbst wurden diese winzigen Köstlichkeiten sogar poetisch umschrieben als …

A »Kuchen der Freude«

B »Perlen des Glücks«

C »Früchte der Tiefe«

Was war für Brillat-Savarin ein wichtiger Faktor für Tafelfreuden?

327

Pausenlos

Der wohl leidenschaftlichste intellektuelle Gourmet Frankreichs war Jean-Anthelme Brillat-Savarin, der mit seiner »Physiologie des Geschmacks« (1826) Genuss-Maßstäbe setzte: »Man hat Speisen von so pikantem Geschmack erfunden, dass sie ohne Pausen nur immer den Appetit anregen.« Er beschrieb jene Haupt- und »Nebendinge«, die zur Tafelfreude unerlässlich seien, und betonte vor allem diese vier: Passables Essen, ein guter Wein, heitere Gäste und viertens …

Geld A

Zeit B

Lust C

Mit Vergnügen: Brillat-Savarin definierte und zelebrierte seine Tafel-Freuden

Wer wurde in der Tat für seine Taten mit einem Rührei geehrt?

328

Hirneier

Man nehme Scheibchen von Kalbshirn, brate sie in Butter, vermenge diese mit verquirltem Ei, füge Kapern hinzu, und fertig ist ein spezielles Rührei. Diese Zubereitung wurde einst einem Mann gewidmet, weil ihm anno 1869 ein entscheidender Durchbruch gelungen war, den alle Welt ganz wörtlich nahm. Auch der »Colonialwaarenhandel« wurde dadurch erleichtert. Diese pikanten *œufs bruillés* heißen seitdem …

A Rührei à la Lesseps

B Rührei à la Laeisz

C Rührei à la Lindbergh

Ehrenhalber: Wer Großes schafft, kann auch mit einem Verquirl-Ei groß rauskommen

WARUM KANN MAN OBST UND GEMÜSE NICHT NACH BELIEBEN ZUSAMMENPACKEN?

329

Überreife

Bei ausreichend hoher Luftfeuchtigkeit und bei Temperaturen über 20 °C fühlen sich viele Pflückfrüchte noch wie am Baum und reifen zielstrebig weiter – manche so stark, dass sie daneben liegendes Obst dazu ermuntern mitzureifen. Einige Früchte allerdings, die sich von solchem Endspurt grundsätzlich nie anstecken lassen, reagieren auf solchen atmosphärischen Nachreifezwang spürbar verbittert. Ihnen bekommt es ganz und gar nicht, dieses verströmte Reifegas namens …

Weiterreifend: Einiges gibt sich in zu enger Nachbarschaft noch Reife-Impulse

Ripasan **A**

Äthanol **B**

Ethylen **C**

Welches Ost-Original wurde als West-Imitat einst re-importiert?

330

Schmuggelgut

Es war auch noch für Kreuzritter ein Kreuz, an die teuren Gewürze aus Fernost zu kommen. Anno 1250 kostete das Pfund einer begehrten scharfen Spezialität ein ganzes Schaf. Dann aber kamen findige Samen- und Wurzel-Schmuggler auf die Idee, die scharfe fernindische Kostbarkeit *sringaaran* in Westindien anzupflanzen – und sie hatten Erfolg. 1585 kam die erste Seglerladung mit orientalischen Gewürzgebilden aus dem Okzident, nämlich aus Jamaika. Und Europa genoss abendländischen …

- **A** Chili
- **B** Ingwer
- **C** Pfeffer

Ostindien versus Westindien: Hier auf Jamaika legten Samenschmuggler ihre Plagiats-Pflanzungen an

WOGEGEN WETTERTE LUTHER, DER AM TISCH GERN LOTTERTE?

331

Zugriff

»Einen fröhlichen Esser hat Gott lieb!« meinte der bei Tisch besonders fröhliche Luther, der beim Zulangen deftige oder weise Tischgespräche führte. Zulangen und Vorgeschnittenes austeilen, mit eigenen Pfoten Schweinepfoten halten und benagen, das war mal unkritisiert delektierlich. Aber fortschrittlichere Manierlichkeiten bedrohten schon damals Luthers Tischsitten, und er verwahrte sich anno 1518: »Gott behüte mich vor …

…Mundtüchlein!« A

…Gäbelchen!« B

…Messerbänklein!« C

Gegen allerlei Reformationen am Tisch: Luther wollte lieber so futtern wie immer

Welche schöne Anekdote über Napoleon goutieren Gourmets besonders?

332

Raubhuhn

Bekanntlich mussten die Leibköche Napoleons rund um die Uhr für den Willkürhunger ihres Oberbefehlshabers ein gegrilltes Hühnchen warmhalten. Als der Feldherr anno 1800 nach einem Gewaltmarsch über den St. Bernhard-Pass die Österreicher nur knapp geschlagen hatte, übermannte ihn der gefürchtete jähe Hunger – weit ab vom Tross und Küchenzelt. In der Not griff sich Bonapartes *maître-queux*, sein Küchenmeister, ein Bauernhuhn, organisierte sechs Flusskrebse, raubte vier Tomaten, raffte Knoblauch zusammen, beschlagnahmte Olivenöl und schmeckte mit einer requirierten Flasche Cognac ab. Fertig war das seitdem berühmte »Poulet Marengo«, das benannt wurde nach dem …

Gefährlicher Augen-Blick: Wehe, Napoleon wollte spontan ein Hühnchen und keines kam!

A Cognac-Keller

B Truppenkoch

C Schlachtort

Welche einfache Erklärung gibt es für ein erstauntes »Ach du dickes Ei!«?

333

Eierstolz

Eier sind als Naturprodukte nur künstlich normier-, weil dann sortierbar. Unter den fleißigen Hennen gibt es die Weißleger, die Fremdaromen kaum in den Dotter passieren lassen, und die Braunleger, die eher mal das Gelbe vom Ei mit Fremdaromen parfümieren. Es gibt glückliche und unglückliche, stolze wie mickerige, aber es gibt keine Angeber- oder gar Rekordhennen, die partout einmal das allergrößte Ei legen möchten. Denn die Eiergröße bei den Legehennen ist entscheidend abhängig vom …

Das weiß jede Eierfrau: Je größer das Ei, desto simpler die Erklärung dafür

Hennenhalten **A**

Hennenalter **B**

Hennenfutter **C**

WELCHER FILM HAT WELCHER REBSORTE EINEN LEGENDÄREN RUF VERSCHAFFT?

Weinwirkung

Traube mit legendärem Image: Manche Weinkenner sehen bei ihr sozusagen schwarz und damit das hohe Potenzial

»Anything but Chardonnay!« – alles andere, aber keinen Wein von dieser Rebsorte! Das bleibt einstweilen das Diktum aller genervten Weintrinker gegen den zu globalen Mainstreamgeschmack. Dann brachte der Kultfilm »Sideways«, in dem sich zwei ziemlich kaputte Helden abenteuerlich wie kennerhaft durch das Napa Valley trinken, eine neue Rebe in aller Munde. Ihre Lieblingstraube, von den Sprachwärtern des »Global Language Monitor« anno 2005 zum »Hollyword des Jahres« gekürt, war …

A Pinot

B Greyburgundy

C Shwarz-Reesling

Wo hatte Orwell mal die Wahrheit der Küchenpraxis erlebt?

335

Befingerfood

George Orwell war von der Hygiene entsetzt, als er 1933 mitbekam, wie sein Steak in der Küche ohne Gabel von Hand zu Hand ging, dann roh fingerbebohrt wurde, nach dem Braten gleich ein zweites Mal; und wie der Koch es dann handgreiflich auf dem Teller arrangierte, die Sauce gar mehrfach mit dem Zeigefinger probierte; und wie es der Kellner ebenfalls tat, der sich vorher noch mit allen Fingern durch das pomadisierte Haar gefahren war. Er schrieb auch, je teurer bestelltes Fleisch sei, desto mehr Küchenschweiß und noch mehr Vorkosterspucke werde wohl mitgeliefert. All das erlitt der erboste Orwell in …

Die Ängste des Bestellers: Ehe das Steak käme, wäre es unappetitlich durch viel zu viele Hände gegangen

Bombay **A**

Paris **B**

Madrid **C**

MIT WELCHEN WORTEN MACHTEN SCHON DIE ALTEN GRIECHEN GOURMET-BLUFFER NIEDER?

336

Opsopolemik

Gebildete Verstiegenheiten: Übertriebene Gourmandise lässt sich ganz prima griechisch abkanzeln

Schon die alten Griechen hatten verstiegene Tischgespräche um *opson*, ihr »Gekochtes«, das, sei es nun Fleisch, Fisch oder Gemüse, immer zu Brot genossen wurde. *Opsopoiós* war der Koch und *opsopoiía* die wahre Kochkunst. In gastlichen Runden verdammte man die *opsomanía* nach seltenen, teuren Delikatessen und nannte Gourmands, die das Wesentliche ganz ohne das Begleitbrot aßen, maßlose »Opsophágen«. Als endbetonte *opsopoiikä* wurde die bluffende und so angeberische »Scheinkochkunst« verdammt. Mit solcherlei Gourmet-Rhetorik hantierte auch schon recht kritisch …

A Hesiod

B Homer

C Platon

Welcher Duft begleitete den Siegeszug der Pizza in den USA?

337

Pizzaboom

Groß, größer, am größten: Die Karriere der Pizza in den USA spiegelte sich in der Nachfrage nach einer ganz speziellen Zutat wieder

Spinat **A**

Knoblauch **B**

Oregano **C**

Im Zweiten Weltkrieg waren viele US-GIs auf den italienischeren Geschmack gekommen und lernten Pizza lieben. Als Heimkehrer kauften sie mangels Pizzeria an der Ecke erst nur Tiefkühlpizzen, die es seit 1943 gab. Und sie sorgten schnell dafür, dass es zehn Jahre später sogar 15.000 Pizzabäcker und 100.000 Shops für TK-Pizza gab. Schon ab 1948 hatte sich der überraschende Pizzaboom durch eine spezielle Nachfrage abgezeichnet: Bis 1953 nämlich nahmen Anbau und Absatz einer ganz besonderen Zutat um sagenhafte 5.200 Prozent zu – und zwar von …

Was geht Mexikanern imbissmässig tierisch leicht von der Hand?

338

Klappgut

In Öl erweichte *tortillas* brauchen nur noch fantasievoll gefüllt und gerollt zu werden, schon hat man leckere *enchiladas* zum Tunken in Chili-Dips oder zum Überbacken mit Käse und extrascharfer Enchilada-Sauce. Die Zubereitung ist so simpel, dass darum die Redensart »Enchilada drehen« in Mexiko eigentlich »Kinderkram« bedeutet und komplizierte Dinge eben »keine Enchiladas« sind. Wenn die Zubereitung dann ja auch noch buchstäblichst »klappt«, die gefüllten *tortillas* also zurechtgefaltet werden, hat man flache »Eselchen«, die …

Leckerer Tiervergleich: Aus bloßem Kinderkram kann schnell mal ein Eselchen werden

- **A** asinos
- **B** burritos
- **C** rosinantes

WIE UND WARUM
KOMMT DER ARMEEZWIEBACK
IN DIE KREBSSUPPE?

Zwiebacktrick

Mal dicketun: Um Krebssuppe zu binden, haben Franzosen eine bewährte Methode

Es gibt viele Methoden, Flüssigkeiten das Flüssige wenigstens etwas zu nehmen. Ihnen einbrennend eine butterige oder eine mehlige Schwitzekur zu verordnen, ist noch die bequemste. Eindicken oder Sämigmachen gelang einst sogar mit fein zerriebenem Armeezwieback, was sich in Frankreichs Küchen für eine gebundene Krebssuppe derart nachhaltig einbürgerte, dass sie bis heute danach benannt wird – nämlich als …

Bisque A

Soup biwak B

Soup à la Mars C

Wie heisst die Königin unter den auftischbaren Bomben?

340

Bombenerfolg

Süß wie würzig: bombig gut

Wenn man eine *bavarois* einmal mit *ladyfingers*, anderen Biscuits oder mit Brot in einer Zylinderform umzingelt und zur Abwechslung auch Obst oder Schokolade einfüllt, dann stürzen sich alle auf das nach dem Erkalten Gestürzte mit heißer Dessertlust. Carême zauberte daraus Pariser und russische Varianten, andere kreierten eigene »Bomben« oder die *Royale*-Version mit einem Schuss Kirsch. Benannt wurde die warme, kalte, süße oder würzige Speise Ende des 19. Jahrhunderts nach der Queen neben Georg III., sie ist also eine …

A Candida

B Charlotte

C Cathérine

WELCHES HÜHNCHEN
IST ALS REINE
EIN REINES MISSVERSTÄNDNIS?

341

Mitelding

Ein Huhn ist nie nur einfach irgendein Huhn – jedes Land hat da seine eigenen Klassifikationen, vom Stubenküken bis hin zu Mastmonstern.

Die reinste Unwahrheit: So ein Zwischengrößenhuhn hat auf vielen deutschen Speisekarten den falschen Namen

»nach Regina-Art« A

»nach Rheinischer Art« B

»nach Königin-Art« C

In Frankreich aber, da schätzen sie jene Zwischengröße, die kein *poulet de grain* mehr ist und noch keine *poularde*, und tauften sie *reine*. Solches Hühnchen ist das reine Vergnügen in Form eleganter, hoch delikater und pochierter Gerichte, oft mit Kalbsbries, Champignons sowie Trüffeln serviert. Auf hiesigen Menükarten aber steht aus reiner Unwissenheit nicht selten die reine Unwahrheit für *à la reine*, nämlich …

Wie heissen Wettesser, die nur für Rekordversuche schlingen?

342

Magenrekorde

Schluck-
schwerenot:
Den König der
Schlinger krönt
sogar ein
Bildungswort

Wettessen finden ja außerhalb des »Guinness Buch der Rekorde« statt, weil dieses keine gesundheitsgefährdenden Versuche mehr will. Eine »International Federation of Competitive Eating« (die I.F.O.C.E.) sprang ein und fragt nun, wer mehr als 20 Reisbälle in weniger als 30 Minuten herunterwürgen, mehr als als 33,5 Maiskolben in nicht mehr als 12 oder 182 *chicken wings* in weniger als 30 Minuten abnagen kann. 73 Rekorde können Schlinggiganten brechen. Sie nennen sich selbst *top eater* und etwas feiner auch …

A Citophagen

B Gurgitatoren

C Rapidomaten

WO AUF DER WELT WERDEN WOHL DIE ALLERMEISTEN TOMATEN GEPFLÜCKT?

343

Tomatenrekorde

Verschiebung auf dem Weltmarkt: Neue Weltmeister in Tomaten

Der Amerikaner Henry John Heinz hat 1876 das malayische *kechap* vom Image der Chinesen-Sauce aus Fischen, Muscheln und Gewürzen befreit, indem er es mit gezuckerten Tomaten erröten ließ. Auch deshalb sind die US-Amerikaner heute mit gut elf Mio. Tonnen Tomaten pro Jahr noch zweitgrößte Erzeuger. Nur ein Land übertrifft sie, das anno 1965 erst vier Mio., 1995 schon das Vierfache und in 2006 31,5 Mio. Tonnen zusammenpflückte – nämlich …

Indien A

China B

die Türkei C

Welches Land in Europa zählte schon früh zu den Koriander-Mögern?

344

Wanzwürze

Im Vorderen Orient ist Koriander schlichtweg die beliebte »arabische Petersilie«, in Fernost ist *ngo* (vietnamesisch), *yan shi/wan swee* (chinesisch) oder *wansui* (malaiisch) verbreitetes Suppen-Aroma.

Nichts gegen Koriander: Nur ein Land in Europa hatte den Koriander schon früh im Colonialwaarenhandel

A Portugal

B Spanien

C Malta

Nur in Europa wurde es lange mit Skepsis verwendet, seit die Griechen es *koris* tauften, weil es für sie nach verwanzter Bettwäsche roch. Deshalb hieß die »chinesische Petersilie« bei uns lange auch »Wanzenkümmel«. Nur ein altes europäisches Fernhandelsland hatte statt solcher Vorbehalte schon ganz früh eigene Rezepte für seinen *coentro*, nämlich …

Was hat in den Weltkriegsjahren mal das Wort Delicatessen ersetzt?

345

Schnalzfall

Das Wort Delikatesse schmeckte einst sehr nach Raffinesse und Takt, anno 1789 hat es Joachim Heinrich Campe sogar noch als »Zartgefühl« eingedeutscht. Ab Mitte des 19. Jahrhunderts lag es aber in anderer Bedeutung auf der Zunge, die dabei immer öfter über feinköstliche Wohlgeschmäcker schnalzte. Deutsch-jüdische Emigranten brachten den Inbegriff *delicatessen* in die USA, vor allem in New York wurden es Fachgeschäfte für kulinarische wie ethnische Raffinessen. Noch heute heißen sie *deli* oder *delly*, nur in den Weltkriegsjahren versuchte man es mit undeutschen und einheimisch betexteten Ladenschildern, auf denen dann stand …

Kulinarische Feindseligkeiten: Das Wort für Delikatessen fiel kriegsbedingt einst unter den Ladentisch

shlaraffy **A**

culinarion **B**

appetizing store **C**

Wie heisst denn die Suppe, die allen Russen bis zum letzten Tropfen schmeckt?

Nationalsauer

Einfaches Glück: Tagessuppen können kunstvoll komponiert sein, von Russen zumal

Wenn für Russen mal der »Geist« einer der traditionellen Suppen durchs Haus duftet, ist ihr jahrhundertealter Appetit auf den Klassiker geweckt. Der wird »reich« mit Zutaten oder »leer« nur mit dem Minimum an neutralen Gemüsen serviert, hat aber vor allem sauer zu sein durch Lake, Kraut, Ampfer, Wildapfel, Salzpilze und viel saure Sahne, lecker durch die Fleischeinlagen. Bis zu 24 Stunden darf das Gericht im Ofen »kommen« und ist, sämig oder flüssiger, so viel mehr als eine Kohlsuppe. Den Russen reichen tatsächlich zwei Buchstaben für diese ihre so reiche Traditionssuppe namens …

- **A** Schtschi
- **B** Tschaitschai
- **C** Solja

Welche Einladung in der Schweiz wirft zunächst Fragen auf?

347

Schniposaproblem

Mundart mit Tücken: Der Schweiz-Reiz bei einer Tafelrunde liegt öfter auch im Wortwörtlichen

Dass die Schweizer den Reis schon mal als *Chineese-Schotter* essen, ließe sich noch raten. Nicht aber, was das empfohlene *Schniposa* sein kann – nämlich ein Wiener SCHNItzel mit POmmes und SAlat. Dass *Hacktätschli* Buletten sind, wäre bald gelernt, auch, ob man nun ein *Frässcheib* oder *Frässsack* ist oder ein *Schläckmuul*, also eher ein Leckermaul. Aber wann oder wozu soll sich einer aufmachen, der ausdrücklich einmal zum *Zvieri* geladen ist? Geht er hin, geht es um …

einen Imbiss um vier **A**

ein Essen zu viert **B**

ein Vier-Gang-Menü **C**

Welchen westafrikanischen Namen brauchen wir beim Gemüsehändler?

348

Gummigumbos

Die *ladies' fingers* kommen aus Afrika, griffen später durch den Sklavenhandel nach Brasilien, hielten sich an der kreolischen Karibik fest und bekamen sogar Indien und China in die Hand. Nach Bantu-Art tauften Portugiesen sie dann *gumbos* oder *gombos*. Aus der arabischen wie aus der Cajun-Küche sind die gallerthaltigen, gekocht leicht gummiartigen Früchte nicht wegzudenken, getrocknet lassen sie sich regenerieren oder mal indisch zu Croûtons frittieren. Im Handel heißen die schlanken Gumbos oder Gombas mit ihrem anderen westafrikanischen Namen auch …

Spitzname fingernagelspitz: Die Form der Gumbos reizte zu mancherlei Benamung

A Sakras

B Okras

C Hambras

Wofür mischte sich ein Chemiker so segensreich in die Gourmandise ein?

349

Geschmackschemie

Was das sensorische Geheimnis bester Suppen sei, erforschte Anfang des 19. Jahrhunderts der französische Chemiker J. B. Thénard. Denn er entdeckte den Übergang von Bestandteilen des eher dunklen Fleisches ins Kochwasser oder den Bratensaft, modern gesagt, die Hydralisation von Proteinen, welche damit geschmackvollste Peptone bilden. Diese charakterisieren eine Essenz, die gern zum Fond reduziert wird. Und Brillat-Savarin dankte der Chemie ausdrücklich für die große Entdeckung des kulinarisch bedeutenden Fleischsaftes, für den schon Thénard damals das Kunstwort erfand:

bouillonade **A**

soupisme **B**

osmazôme **C**

Saftige Entdeckung: Ein Chemiker erklärte, wie aus Essenz schönster Fond wird

Mit welchem Wort für einen Zuschnitt amüsieren Schlachter Laien?

350

Schinkenchic

Gewusst, wie: Metzger metzgern überall anders, für Ibérico-Schinken eben sehr spanisch

Andere Länder, andere Schlachtschnitte, alle fremden Metzgerläden und Wochenmärkte beweisen es. Eine Schweineschulter kann da mit oder ohne Knochen, mit oder ohne Eisbein (sog. Teller) im italienischen oder holländischen Schnitt liegen, und in Spanien hängen Ibérico & Co sogar mit Hüfte und Fuß von der Decke. Fußlose Schinken im »Lyonnais« oder gar im »Parma-Schnitt« sind ja etwas oberschenkeliger, die im »Hamburger Rundschnitt« wiederum sind da deutlich kürzer, die Schwarte und das Fett können dann auch mal fehlen. Wenn allerdings vom Schinken Fuß und Knochen um das Gelenkstück übrigbleiben, reden internationale Metzger von solchem schnittigen Stück skurrilerweise als …

A Paroli

B Paripari

C Bikini

Welcher US-Amerikaner hatte den Riesenwortschatz für Promille im Blut?

351

Nimptopsicality

Als er im Jahre 1779 noch Gesandter in Paris war, lud er jede Woche 30 Gäste zum Sonntags-Dinner. Dabei hatte er als 20-jähriger einst 13 Tugenden definiert, nach denen er leben wollte. Regel eins galt der Enthaltsamkeit: »Iss nicht bis zum Stumpfsinn und trink nicht bis zur Berauschung.« Als 30-jähriger hatte er sogar eine Liste von 200 Begriffen publiziert, die damals den betrunkenen Menschen kennzeichneten, darunter Schönheiten wie »den französischen König getroffen haben« oder »in Frankreich gewesen sein«; im Suff sei man auch mal ganz *cherubimical* oder völlig *nimptopsical*. Mit 70 Jahren genoss er dann allerdings den so ganz anderen Rausch, nämlich die Unabhängigkeitserklärung der USA mitunterzeichnet zu haben. Und das war …

Sehr wort- und trinksicher: Ein prominenter US-Bürger kannte 200 Begriffe für einen Menschen, der trunken war

Benjamin Franklin A

George Washington B

Thomas Jefferson C

Welches norwegische Rezept haben die Yankees nationalisiert?

Amerikanisierung

Wenn einmal *Baked Alaska* serviert wird, ist dies eine der ganz wenigen Zubereitungen, die den nördlichsten Staat der USA ehren sollen, weil es dem New Yorker Koch Delmonico 1867 da so gefiel. Er variierte dafür bloß das ursprüngliche sogenannte »Norwegische Omelette« so erfolgreich, dass es inzwischen sogar als amerikanische Originalität gilt. Eigentlich jedoch ist es ja gar nichts anderes als …

Erfolgreich amerikanisiert: Mal mit Alaska-Gusto das Norwegische rausschmecken

A Lachsmus (als Pastete im Schlafrock)

B Eisbombe (blitzbaiser-umbacken)

C Pancakes (puderzucker-schneedeckt)

Zu welchem Spitznamen kam denn das reifenwulstige Michelin Männchen?

353

Nagelkost

Feinschmeckers Reise-Almanach ist der Rote Führer von »Michelin« mit seinem Logo des Reifenmännchens, zu dem Edouard Michelin auf der Weltausstellung in Lyon 1894 durch einen Pneu-Stapel inspiriert wurde. Auf den ersten Reklamebildern hob das wulstleibige Maskottchen einen mit Nägeln und Glasscherben gefüllten Pokal hoch, als mache ihm ein kräftiger Schluck solch ausgekochter Alltagsgemeinheiten nichts aus. Seitdem hat das beleibte Logo einen Spitznamen, der in Kurzform im Roten Führer »sorgfältige Küchenleistung zu günstigen Preisen« kennzeichnet, nämlich …

Werkstatthaftes Prosit: Michelin Mann mit Nagelglas

Bibendum + Bib **A**

Salutiste + Salut **B**

Optimiste + Opti **C**

Was kam einst
aus dem legendären Askalon
und würzt nun weltweit?

354

Würzimportgemüse

Was einst Kreuzfahrer aus dem palästinensischen Askalon in ihre Heimat zurückbrachten und nach der Hafenstadt mal »Askalonzwiebel«, mal »Asch-« oder gar »Eßlauch« nannten, wurde schließlich übers Französische oder Englische neu benamt und ist ein sogar roher Knabbergenuß mit besonders pikantem und milden Reiz. Man macht auch eine gute *beurre* daraus – aus …

A Perlzwiebeln

B Schalotten

C Bärlauch

Mit blühendster Fantasie kaum zu erraten: Hier reift gerade in Japan reizvoller Aschlauch heran

Wer oder was hält den drahtigen Daumen auf den Innendruck bei Champagner?

355

Gegendruckvoll

Durch die zweite, die sogenannte Flaschengärung, entsteht in Sektflaschen ein Druck von bis zu vier bar – erheblich mehr als in normalen Autoreifen. Früher barsten deshalb nicht wenige Bouteilles, heute sind sie dickwandig genug. Anfangs flutschten auch die ölgetränkten Hanfstopfen aus den Hälsen, seit dem frühen 18. Jahrhundert verklemmten und stemmten sich auch selbst speziell geformte Korken noch erfolglos gegen den Überdruck. Dessen Übermacht zähmte erst eine stramme Drahtumklammerung, Kennern bekannt als …

Faustpfand nach dem Entkorken: Alles hat seinen Namen, auch so ein Haltedraht über'm Korken

fil de fer **A**

Griffe **B**

Agraffe **C**

WIE HEISST DAS,
WAS KALTLÄCHELND KALTE GLÄSER
FÜR KALTES PARAT MACHT?

356

Kaltlächelnd

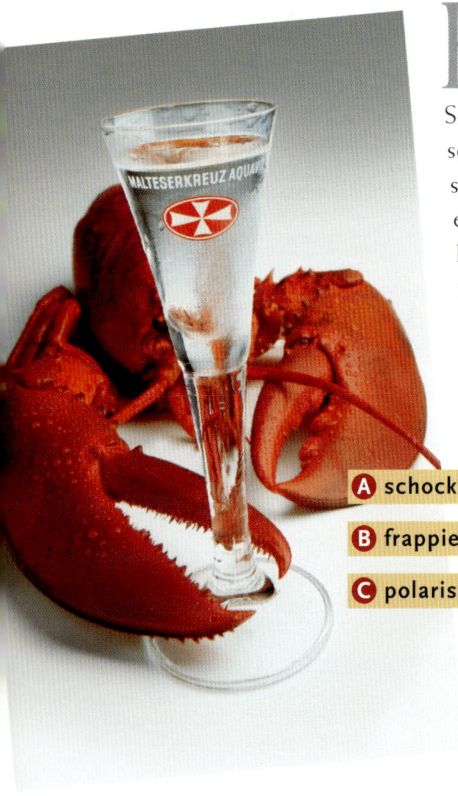

Ein guter *barman* angelt sich bei Bedarf schon für ein Bier, mit Routine aber für Schnäpse nur vorgekühlte oder sogar beeiste Gläser aus einem speziellen Fach im Tresen. Der eiskalte Service verschwindet leider mehr und mehr, manchmal werden Drinks sogar in gerade heiß gespülten Gläsern vorgesetzt. Die kalte Kunst des besseren Vorkühlens heißt unter Experten der Bar …

A schockieren

B frappieren

C polarisieren

Gläschen zum Hummer:
Es sollte schon mal
schön vorgekühlt sein

Welches Utensil diente dem höfischen Ritual des Kakaoschäumens?

357

Aztekenschaum

In den besten Zeiten der Azteken, kurz vor Cortés' Zerstörungswerk, wurden am Hof des Herrschers Montezuma täglich 2.000 Schalen heißer, dick aufgeschäumter Schokolade getrunken. Die war oft mit Wildhonig gesüßt, mit Vanille gewürzt und mit Annatto gefärbt. Die hoch effektiven Schäumer bestanden aus einem Holzklöppel, um den herum geometrisch verzierte Holzringe befestigt waren – und zwar so lose, dass der zwischen den Handflächen gedrehte Stab beim Erwirbeln des Schaums feierlich klapperte. Dieser Quirl, ein beliebtes touristisches Mitbringsel, heißt heute …

Sie hatten den Dreh raus: Schon die eben entdeckten Neuweltler machten besten Schokoschaum

Columbuskeule **A**

Kakaoklöppel **B**

Molinillo **C**

Wo ersticken manche an einem bisschen Bissen für Fortuna?

358

Glücksreispech

Neujahrs-Rituale: Feuerwerk – und für Fortuna Mochi mit Risiko schlucken

Das Glück im Neuen Jahr haben Hoffende in fast allen Ländern der Welt zum Fressen gern. Überall gibt es Gebildbrote, symbolische Glücksschweinereien oder Silvesterkrapfen. Eine ziemlich große Volksgruppe hat ein geradezu gefährliches Ritual, um sich Fortuna durch den Magen gehen zu lassen: Zu Silvester müssen es *mochi* sein, die glücksrot verpackten Klebreisklößchen, welche es dann möglichst abbisslos herunterzuwürgen gilt. Solange sie dabei aus der traditionellen Neujahrssuppe gelöffelt werden, mag es ja noch gehen. Nicht selten aber gilt die trockene Bemerkung, dass wieder wer daran erstickte – und zwar immer wieder mal …

A auf den japanischen Inseln

B auf dem indischen Subkontinent

C auf den karibischen Inseln

Mit welchem Wort kommt, wer langsam kocht, auch ans Ziel?

359

Verkrümelungen

Altbackenes Landbrot macht eine Brühe oder Suppe gehaltvoller, das Einweichen und Zerkochen aber die Zubereitung nicht gerade schneller. Es gilt da sogar die Regel: Je länger, desto besser. Seitdem ist der westfranzösische Dialekt-Begriff für das »Bekrumen« auch ein Fachwort für nur langsames und geduldiges Köcheln, für Simmern oder für aufwändigeres wie sorgfältiges Kochen zu Hause. Übertragen bedeutet der urfranzösische Küchenbegriff sogar oft »verhätscheln«, nämlich …

Die manchmal langsame Küche: Auch dafür gibt es ein geradezu verhätschelndes eigenes Wort

paindonner A

mitonner B

cuironner C

WAS IST IN DER KÜCHE SO SAUER, DASS ES LUSTIG EINGESETZT WIRD?

360

Ersatzsäurehaltig

Sollte eine Zubereitung mal Saures bekommen und stößt es säuerlich auf, dass in der Küche keine Zitrone zur Hand ist, dann tut es auch Verjus. Der Saft großer unreifer Trauben ist seit dem Mittelalter Würze und Saucenzutat, oft verfeinert mit Sauerampfer oder anderen Gewürzen. Solche Trauben wurden auch zu Kompott oder zu Marmeladen verarbeitet. Das altfranzösische Wort *vertjus* heißt denn auch ganz wörtlich genommen …

Eher noch zu saure Trauben: Dem Koch können sie für Verjus gar nicht sauer genug sein

A hinwendig gut

B wahrhaft angebracht

C grüner Saft

WELCHEN EHRENNAMEN HABEN DIE ACHT GRUNDSAUCEN IN DER KÜCHE?

361

Suppenfamilienbande

Zu seiner Zeit mag Talleyrand recht gehabt haben, als er lästerte, Engländer hätten drei Saucen und 360 Religionen, in Frankreich aber sei es genau umgekehrt. Seit Carême sind die Saucen in Gourmetgallien systematisiert als heiße mit braunen oder weißen und als kalte auf Mayonnaise- oder Vinaigrette-Basis mit allen Abkömmlingen. Seither sind unendlich viele aus Frankreichs Provinzen oder dem Ausland hinzugekommen, die allesamt langsam leichter wurden. Anno 1991 klassifizierten die »Académie des Gastronomes« und die »Académie Culinaire de France« alle Beigüsse pragmatisch operativ wie chemisch-physikalisch. Doch alle abgeleiteten Saucen stammen wie eh und je von Carêmes acht Grundsaucen ab, den …

Ein übervolles Wasserbad: Es gibt eben nur acht – oder zahllose Saucen

Sauces primeurs, sog. Prima-Sauces Ⓐ

Sauces mères, sog. Sauces grandes Ⓑ

Sauces de la genèse, sog. Moses-Sauces Ⓒ

WARUM WÜRDE
EIN KAKAOTRUNK OHNE NACHHILFE
ZUR ÜBERRASCHUNG?

Kakaoblutröte

KAKAO · *Theobroma cacao* L.

Von ihrem *ka-ka-w* hatten die Mayas eine pikante Vorstellung: Sie mixten aufgeschäumten Kakao schon gern mal mit Vanille oder Chili, süßten aber auch mit Honig. Bei den Azteken genossen Adelige und Krieger den sehr elitären Leckertrunk, der mit Annatto stark gefärbt wurde, damit der Schmier- nach Blutmund aussah; gerne machten sie sich auch einen Maiskakaotrunk daraus. Das Nach- und Umwürzen ihres *xocoatl*, das schließlich unsere Schokolade taufte, war durchaus nötig, denn pur war das auch damals das, was es wörtlich heißt ...

Zwang zur Versüßung: Kakaotrunk pur wäre denn doch nur eine Enttäuschung

- **A** Stichlabe
- **B** Herbmund
- **C** Bitterwasser

Was ist in Jordanien die kulinarische Geste von Gastlichkeit?

363

Einhandesskultur

Ist die jordanische Gastfreundschaft groß oder eine Restaurantkarte typisch, wird eine schöne Schüssel serviert voll mit Lammstücken, die in einer Soße aus dem Trockenjoghurt *jameed* gekocht wurden. Separat dazu gibt es Reis oder wie früher

Zu gern zulangen: Jordanier und ihre Gäste formen daraus gehaltvolle Bällchen

Mansaf A

Mezze B

Falafel C

Bulgur aus Weizen, damit die »reine« rechte Hand aus beidem kleine Bällchen formen kann. Dieses einhändige Hantieren ist unterhaltsam und wird bei Beherrschung hoch anerkannt. Dann ist der Gast auch besonders würdig dieses Nationalgerichts, des »großen Tabletts« – im Original jordanisches …

Wie aufwändig hat einst der grosse Escoffier eine Consommé gekocht?

Mätressentässchen

Wann genug genug ist: Für ein Süppchen Dubarry müssen allerhand Gemüse köcheln

A 12 Gemüsesorten

B 16 Gemüsesorten

C 20 Gemüsesorten

Es heißt ja immer gern »man nehme...«, aber höchst selten mal »es genügt...«. Wer also mal ein Blumenkohlcremesüppchen »Dubarry« auf der Basis einer Kalbfleisch-Ochsenschwanzbrühe zubereiten will, wird vom großen Auguste Escoffier verwirrt. Er dezidierte, dass die Qualität der Consommé nicht nur vom extrahierten Fleisch, sondern vor allem von den Gemüsen abhinge. Sechs nimmt man gewöhnlich, aber der ungewöhnliche Escoffier empfahl gleich ...

Aus welchem Spass der Köche wurde eine ganz ernste Küchenkunst?

365

Spaßinnerlichkeit

Wenn Köche in altfranzösischen Hofküchen Spaß verstanden, machten sie sich einen daraus, ihre Fische oder Geflügelzubereitungen durch eine Füllung zur Überraschung zu machen. Diese wohlgewürzten Innereien wurden

Übermut tut gut: Fülle braucht Fantasie und muss dem Koch Spaß machen

Farce A

Follie B

Frou-frou C

bald so kunstvoll, dass der »Spaß« seinen Eigenwert bekam und auch ganz ohne Geflügel drumherum immer delikater und zur Konkurrenz von Paté oder Terrine wurde. Seitdem heißt solch rezeptabler »Übermut« der *Chefs* respektabel …

Warum wird eine schwächelnde Brühe durch Einfrieren stärker?

366

Eiskaltlächelnd

Schmeckt eine Bouillon noch nicht intensiv genug, wäre Nachwürzen das Eine und Reduzieren das bessere Andere. Dann verdampft Wasser, das sich auch ganz anders und alternativ entfernen ließe – durch Einfrieren. Entsteht dabei ein gut entfernbarer Eisblock, wäre die Rest-Bouillon tatsächlich …

A fraktioniert

B ruiniert

C konzentriert

Bouillon-Nachhilfe: Einst genügte Liebigs Fleischextrakt, inzwischen gibt es ganz andere Tricks zur Intensivierung

Wie heisst der so reisig wirkende Weizen, den Arabaer mögen?

367

Reisersatz

Reis hat bekanntlich wenig Nährwert, Weizen in reisiger Form um so mehr: Der ist dann vollkornig gut vorgekocht, getrocknet und wird in drei kernigen Schrotgrößen angeboten. In zweifacher Menge Wasser gekocht, quillt das protein- und mineralsalzreiche Weizenkorn wieder auf und wird zum arabischen Grundnahrungsmittel, zur Füllung von Gemüsen, zum Dip oder im Salat mit rohen Gemüsen und einer Vinaigrette. Der zweimal gekochte Weizen heißt dann …

Durum A

Couscous B

Bulgur C

Grundnahrung: Könnte quasi arabischer Reis sein, ist aber nur äußerlich reisig und innerlich ganz weizenhaft

Welcher bescheidene Toast wurde Leibgericht eines Millionärs?

368

Karnickelersatzbrot

Einfach und zum Dahinschmelzen: Ein noch veredelbares Rarebit

Wohl weil die Waliser einst so darbten, nannte man einen simplen Käsetoast einst *Welsh rabbit*, im Englischen korrumpiert zu *Welsh rarebit*, sozusagen ein »falscher Hase« aus Wales. Der schmeckt nach wie vor als Schlichtscheibe mit geschmolzenem Käse, manchmal auch mit Tomatenscheiben. Auswanderer brachten die *rabbits* in die USA, wo ein steinreich gewordener Farmersohn später die Bescheidenheit liebte und zu gerne in solche *rarebits* biss, die zudem mit Anchovisbutter bestrichen und mit Eischeiben belegt waren. Nach ihm heißen sie bis heute …

A Rarebits à la Stuyvesant

B Rarebits à la Vanderbilt

C Rarebits à la Vermeer

Was mochte Goethe in Deutsch- wie Welschland gleichermassen?

369

Dämpfschwanzgenuss

Schon Goethe …, stets hat er schon alles gesehen, genossen oder gesagt. Eines seiner Leibgerichte, auch daheim nach seiner Italienreise, war Dämpffleisch aus dem gedeckelten Topf, vorzugsweise ein gestückelter und gespickter Ochsenschwanz. Im Latium wird auf recht ähnliche Weise so ein Rinderragout gleichen Namens bereitet, wenn da auch eher geschmort. Daher der italienische Name jener geheimrätlichen Leibspeise – er lautete …

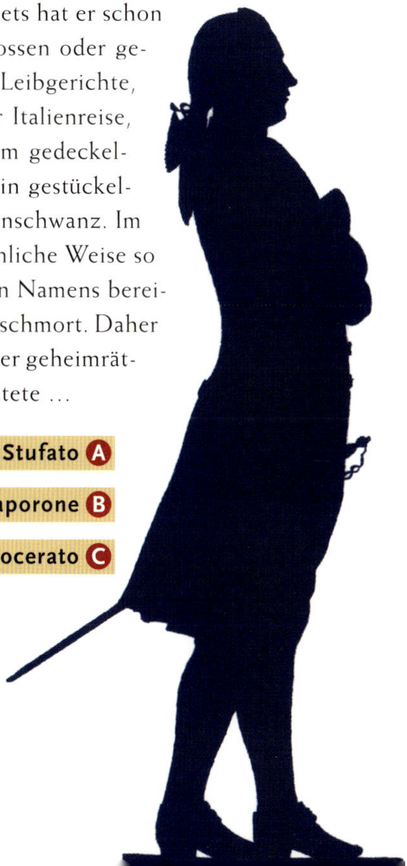

Stufato A

Vaporone B

Cuocerato C

Vorbildliches Gericht: Goethe war als Reisender auf den italienischen Geschmack gekommen

O! IT COMES O'ER MY MEMORY...

Shakespeare

Register

A

B

»Nichts übt den Geist mehr, als das Bemühen, Rätselhaftes zu ergründen.«

Goethe

Hier können Sie überprüfen, ob Sie bei A, B oder C die Wahrheit herausgeschmeckt haben

A B C

Alle Auflösungen

Seite 5 RUNDHERAUSSTOLZ: es ist C, der einstige **embonpoint**

Seite 6 GAUMENKITZELEI: es ist B, jener römische **Honigwein**

Seite 7 SUCHTMITTEL: es ist A, das typisch koreanische **Kimchi**

Seite 8 FISCHLUFT: korrekt ist C, es geht prima mit **Zitronensaft**

Seite 9 ABGANG: richtig ist B, den Vatel spielte **Gérard Depardieu**

Seite 10 WÜRZWEISHEIT: es stimmt A, erst am **Ende der Kochzeit**

Seite 11 NOMENOMEN: richtig ist C, es war der berühmte **Carême**

Seite 12 FLECKENFALLE: es ist B, die ganz typische **Pfirsichstellung**

Seite 13 EIWEISSWEISHEIT: es ist A, **Textured Vegetable Protein**

Seite 14 STERNSTUNDE: es stimmt B, geehrt wurde **Alain Ducasse**

Seite 15 GRILLILIEBE: korrekt ist A, jene sogenannte **Saunawurst**

Seite 16 FÜLLEHÜLLE: richtig ist C, der dünne Teig namens **Yufka**

Seite 17 FUSSPELZ: es stimmt A, das Hochlandtier **Scotch grouse**

Seite 18 UNSCHULDSENGEL: korrekt ist B, sie können **Bierbrauen**

Seite 19 STINKSÜSS: es stimmt C für die stinkend-köstliche **Durian**

Seite 20 ORCHESTERSTAR: richtig ist A, es ist immer der **Saucier**

Seite 21 MAGENMÖGER: es stimmt B, denn es waren **immerhin 55**

Seite 22 UNSCHÖNHEITSPREIS: C stimmt, **»hässlicher Mensch«**

SEITE 23 BUTTERBLUFFEREI: richtig ist B, jenes **Knofellammfett**
SEITE 24 DIPTOP: es ist C, die von Profis so genannte **bagna cauda**
SEITE 25 TAGESJOJO: Dabei stimmt A, **1/40 des Körpergewichts**
SEITE 26 KÜCHENPOLITIK: es ist A, das heute geduldete **Trinkgeld**
SEITE 27 MEERSALZTOD: es stimmt B und heißt Hummer **à la nage**
SEITE 28 KAFFEESPUR: richtig ist C, das Vorbild war »**Moby Dick**«
SEITE 29 SCHLEMMERSCHEIBE: es ist A, die **Château-Kartoffeln**
SEITE 30 WASSERKUR: es ist C, denn es heißt **tremper/trempieren**
SEITE 31 FLUGMENÜ: es stimmt A, es feierte der **Schah von Persien**
SEITE 32 WUNDERWURZEL: richtig ist B, das meinte **Nostradamus**
SEITE 33 ZWISCHENHUNGER: korrekt ist C, es sind die **Elevenses**
SEITE 34 SEIFENTAGE: es stimmt A, es erinnerte sich der Poet **Rilke**
SEITE 35 VERSÜSSBRÄUNGUNG: es ist B, jene Maillard-**Reaktion**
SEITE 36 SHIRLEYSCHLUCKE: es gilt A, man nennt sie **Mocktails**
SEITE 37 DIGESTIONSDETAIL: es ist B, denn er vermisste den **Käse**
SEITE 38 INDIENTIER: es stimmt C, Rabelais sprach vom **Truthahn**
SEITE 39 QUETSCHVERGNÜGT: es ist B, **15 Min. heiß wässern**
SEITE 40 VERMESSERUNG: es stimmt C, man nennt es **tournieren**
SEITE 41 AUSNAHMSWEISE: es ist B, ein **Millennium-Tausendstel**
SEITE 42 REGELAUSNAHME: C gilt, es waren ja **Fugu-Kugelfische**
SEITE 43 ZERRISSENHEIT: C, das Wort meinte und benannte **Zucker**
SEITE 44 BLAUBLUTSUPPE: es stimmt A, hinein kommen **Kalbsfüße**

SEITE 45 KRÜMELGEFAHR: richtig ist B für lautmalerische **Muffins**

SEITE 46 WIEDERBELEBUNG: es stimmt C, der Dip heißt **Brandade**

SEITE 47 NASENALARM: es stimmt B und heißt **Zwiebelschneiden**

SEITE 48 ZUTZELZEIT: es stimmt A, eine Weißwurst wird **letschert**

SEITE 49 FEINARBEIT: korrekt ist C, es ist jenes klassische **Salpicon**

SEITE 50 WEISSBLATTZUCHT: es ist C, die **völlige Lichtlosigkeit**

SEITE 51 KÜCHENHEKTIKER: es stimmt A, jener heißt **Tournant**

SEITE 52 INKAKULINARISCH: B, denn es sind die **Kartoffelknollen**

SEITE 53 GRIPPETRUNK: es stimmt C, es ist der Drink **Caipirinha**

SEITE 54 EICHENGESCHENK: es ist A, das so segensreiche **Lacton**

SEITE 55 AUSNAHMEFISCH: es gilt B, Norweger nennen ihn **Skrei**

SEITE 56 SCHUSSECHT: es ist C, die Kugel des Tricks heißt **widget**

SEITE 57 SCHAMPUSSIERER: es ist B, jener Trinker war **Don Juan**

SEITE 58 DUFTFÜLLE: richtig ist B, die Fischfondfeinheit heißt **fumet**

SEITE 59 BEIGELEGT: korrekt ist A, es gab erstmals **baked potatoes**

SEITE 60 EXQUISITCUISINE: es ist A, jene **cuisine monumentale**

SEITE 61 FRÜHSALAT: es ist C, man pflückt gemeinen **Löwenzahn**

SEITE 62 URALTREZEPT: es stimmt B, es ist ein **Weißweinwermut**

SEITE 63 WIRBLER: es stimmt A, der Experte nennt sich **Pizzaiolo**

SEITE 64 RÜHRGENUSS: es ist C, es war Kaffee mit **Pfefferkörnern**

SEITE 65 SAUERSAUCE: richtig ist B, es ist die Modefrucht **Physalis**

SEITE 66 KONTRASTSAUER: es stimmt C, es sind die **Kapernäpfel**

SEITE 67 HOFKÜCHE: es stimmt B, man nennt sie **Königinpastete**

SEITE 68 KÄSEKING: richtig ist B, denn es war der **Brie de Meaux**

SEITE 69 SCHLUCKBESCHWER: es ist A, der sog. **Heimlich-Griff**

SEITE 70 ENTDECKERFRÜCHTE: es stimmt A, **Macadamia-Nüsse**

SEITE 71 GÄNSEFUSSFARBE: korrekt ist C, es ist jene **Spinatmatte**

SEITE 72 KÜCHENLATEIN: es gilt C, so hieß mal jeder **Hilfskellner**

SEITE 73 NIPPONDERABILIE: es stimmt B, die Zutat heißt **Wasabi**

SEITE 74 BLAUWUNDER: es stimmt A, Symbol ist **ein rotes Schaf**

SEITE 75 SCHÖNLING: richtig ist B, jener Entführte war **Ganymed**

SEITE 76 THEATERHUNGER: es stimmt A, man sagt **curtain time**

SEITE 77 STOCKSTEIFHEIT: richtig ist C, denn es heißt **bacalhau**

SEITE 78 BIEDERMEIERKÜCHE: es ist C, Henriette **Davidis-Holle**

SEITE 79 STRECKHILFEN: es stimmt B, der Zusatz heißt nur **helper**

SEITE 80 MENSCHENMAST: richtig ist C, so nahrhaft ist **Avocado**

SEITE 81 AUSTERNSATTHEIT: A stimmt, es sind **huitres à volonté**

SEITE 82 GRENZFÄLLE: es ist B, denn sie wirken als **Emulgatoren**

SEITE 83 RATTENWÜRDEVOLL: A stimmt, der wörtliche **Rührfraß**

SEITE 84 FETTRUHM: richtig ist C, der hoch beliebte **bollito misto**

SEITE 85 ZEITMENÜ: es stimmt B, wir »vernahrungen« **sechs Jahre**

SEITE 86 DAUERFROSTKOST: es stimmt A, es war ein **Mammut**

SEITE 87 BLAUMACHER: es ist C, das Aroma liefern **Pomeranzen**

SEITE 88 DIPLOMATENART: A ist richtig, die Schärfe liefert **Essig**

SEITE 89 BRATENBOMBASTEREI: B, also **die Académie française**

SEITE 90 GRIFFFESTIGKEIT: es stimmt B, es ist eine **Schwenkpfanne**

SEITE 91 QUINTOGUSTO: richtig ist C, das neue Wort ist **Umami**

SEITE 92 AFROTOPF: es ist A, der Quellgrieß nennt sich **Couscous**

SEITE 93 LÖSENLASSEN: C ist korrekt, es ist die **Gefriertrocknung**

SEITE 94 ROHKÖSTLICH: es ist C, **asquutasquash, also squash**

SEITE 95 DÄMPFGLÜCK: es stimmt B, heißt also **Herzenswonnen**

SEITE 96 EHRENZEICHENHAFT: richtig ist B, also **Cordon Bleu**

SEITE 97 HUMMERHAMMER: A stimmt, denn es war **anno 1990**

SEITE 98 NUDELGEWÜRM: es ist C, denn man nennt sic **Vermicelli**

SEITE 99 BIEGETRICK: es stimmt A, es genügt schon ein **Bindfaden**

SEITE 100 AUFBESSERUNG: richtig ist B, das Allerbeste wäre **Vanille**

SEITE 101 RÜHREND: es ist C, das Dressing heißt »**1.000 Islands**«

SEITE 102 SCHNITTIG: A stimmt, das Weltgericht ist der **Tafelspitz**

SEITE 103 ECHTAROMA: richtig ist B, denn der Essig sei stets aus **Malz**

SEITE 104 SCHUTZNAME: es gilt C, man steht im Bistro am **zinc**

SEITE 105 GRILLWÜRFEL: richtig ist A, man würfle **Hammelkeule**

SEITE 106 ZISCHEFFEKT: es gilt C, **ruhen und nachziehen lassen**

SEITE 107 MATSCHFAKTOR: es ist C, sie hält maximal **8 Stunden**

SEITE 108 WUTGELB: A, dieses Gelb verschwindet **am Sonnenlicht**

SEITE 109 ZARTGEFÜHL: es stimmt B, Papain wird dann **inaktiviert**

SEITE 110 NASERÜMPFEN: richtig ist B, es riecht eben **wie Wanzen**

SEITE 111 NABELSHOW: es ist A, jenes Süßgebäck namens **Baklava**

SEITE 112 ABSORBIERT: richtig ist C, zum Quark gehört hier **Leinöl**

SEITE 113 ÖLVORKOMMEN: es stimmt A, dieses Öl ist **etwas bitter**

SEITE 114 ENTENBLUFF: B stimmt, es stammt von **Heringsfischen**

SEITE 115 MUSMUST: es ist B, das Vergnügen heißt **Baba Ganouche**

SEITE 116 KNOLLENFRITZ: nur A stimmt, die **Brambory/Bramburi**

SEITE 117 HOCHRUNTER: es gilt B, es blubbere die **Bouillabaisse**

SEITE 118 IMBISSCHEN: es ist B, denn man sagt **»¡Vamos a tapear!«**

SEITE 119 ASIATAFELEI: es gilt C, geschwärmt wird vom **Gado-gado**

SEITE 120 EIEIFER: korrekt und höflich ist C, **Sunny side up, please**

SEITE 121 GEGENWERTVOLL: A, von **einem schweren Ackergaul**

SEITE 122 ERPRESSUNG: A gilt, der 2003-Rekord von **einer Million**

SEITE 123 VERSCHECKERUNG: B stimmt, Köche sagen **bigarrieren**

SEITE 124 VERPETERUNGSLUST: es ist C, er heißt **Felsen-Eppich**

SEITE 125 SAISONAROMA: richtig ist B, es ist die **Lebkuchen-Soße**

SEITE 126 KOHLDAMPF: A ist korrekt, ein Stückchen **Roggenbrot**

SEITE 127 WORTZUPFEREI: es gilt B und bedeutet **weißer Flaum**

SEITE 128 LUFTWURST: richtig ist B, diese Würzkraft hat **chorizo**

SEITE 129 GÖTTERSPEISE: es stimmt C, sie heißen **kleine Gelüste**

SEITE 130 EINHEITSWÜRZE: A stimmt, es sind **Frühlingszwiebeln**

SEITE 131 BOYKOTTBRECHER: es ist C, Ersatz ist der **Kalbskopf**

SEITE 132 MUSENFUND: es ist C, die Muse heißt seitdem **Gasterea**

SEITE 133 KALTSCHALIG: richtig ist B, das Fachwort ist **givrieren**

SEITE 134 ALEPPOPOPCORN: es stimmt A, denn es sind **Pistazien**

SEITE 135 BASISARBEIT: A stimmt, das Konzentrat heißt **Gastrique**

SEITE 136 HERRSCHERWISSEN: es ist B, sie heißt **Nebukadnezar**

SEITE 137 FRANGLAIS: es stimmt C, der Hot dog als **chien chaud**

SEITE 138 GRÜNSCHÄRFE: A stimmt, er taufte sie **»Gewaltsauce«**

SEITE 139 URAROMA: richtig ist B, denn dann heißt sie **Flugananas**

SEITE 140 FORMVOLLENDUNG: es ist C, nachformen als **bridieren**

SEITE 141 SIEGERSAUCE: es stimmt B, sie sagen dazu **Fiery Food**

SEITE 142 VERGRÄTUNG: richtig ist B, ein dicklicherer **Chowder**

SEITE 143 THAINOTE: korrekt ist A, denn der Name ist **Combava**

SEITE 144 VERNUNFTGESCHMACK: C, seine **Teltower Rübchen**

SEITE 145 HEIMWEHGERICHT: es stimmt A, es heißt **Chop suey**

SEITE 146 PIEPIONIERE: richtig ist B, sie nahmen **Vanille-Eiscreme**

SEITE 147 TUCHVERSUCH: korrekt ist C, man sagt dazu **brechen**

SEITE 148 DRACHENSACHEN: A stimmt, denn es ist der **Estragon**

SEITE 149 ZARTMACHER: es stimmt B, es erweicht eine **Sodalösung**

SEITE 150 RADIESCHENRÖSCHEN: es ist C, da hilft nur **Eiswasser**

SEITE 151 GRUBENKOST: es stimmt B, so garen sie ihr **Kalua pig**

SEITE 152 FOODVERHÜLLUNG: B ist richtig, es heißt **chemisieren**

SEITE 153 SONDERDECKEL: richtig ist A, man sagt **Tagine/Tajine**

Seite 154 PINKISHNESS: B ist korrekt, jenes neue Wort war **Blush**

Seite 155 ABSCHNITTSWEISE: es ist C, dünn ist es dann **la dalle**

Seite 156 FLECKENDECKEND: C, **Wasserstoffsuperoxyd (30 %)**

Seite 157 DRACHENZAHNSAAT: A stimmt, das wurde **Chinakohl**

Seite 158 SCHLUCKVERBOT: es ist A, man speit in den **Crachoir**

Seite 159 WURSTRETTUNG: es stimmt B und heißt **sobrassada**

Seite 160 PFANNENRIESEN: C stimmt, die Fiesta nennt sich **Fallas**

Seite 161 SCHAUMALBTRAUM: es ist B, das so explosive **Gushing**

Seite 162 KNALLEFFEKT: richtig ist A, so entstand mal der **Puffreis**

Seite 163 TUNKKÄSE: es stimmt B, Fondue braucht einen **Caquelon**

Seite 164 HAUTSACHE: C ist richtig, das Ding heißt eben **Zesteur**

Seite 165 KUNSTFUTTER: korrekt ist A, man nannte es nur **Eat Art**

Seite 166 EHRENSACHEN: es stimmt C, so wird die Pizza **gefaltet**

Seite 167 SCHMACHTSCHMECKER: C ist es, der sog. **Gourmand**

Seite 168 FEUERLÖSCHER: es gilt A, in **möglichst Ölig-Fettigem**

Seite 169 GRENZFALL: B stimmt, der Grenzfall **des Röstigrabens**

Seite 170 REZEPTVERSCHLEPPUNG: es ist C, es war **Pichelsteiner**

Seite 171 FREMDKOST: B, **Reis aus den USA, Thailand, China**

Seite 172 STERNALTER: A stimmt, der Erste war einst der **Baedeker**

Seite 173 TEETHEATER: korrekt ist A, sie heißen nämlich **Flugtees**

Seite 174 PLATTBROT: es ist C, das buken schon **die alten Inder**

Seite 175 MÖRSERMIX: es stimmt B, der feine Dip heißt **Tapenade**

Seite 176 SCHEIBENSPOTT: belegt ist B, man sagt **Beamtenripperl**

Seite 177 SPITZFÜNDIGKEIT: A stimmt, das Spitzsieb als **Chinois**

Seite 178 RUCHBARKEIT: es ist C, der Begriff lautet **Off-Flavour**

Seite 179 WEISSSCHWARZ: es stimmt B, sie heißt auch **Bocksbart**

Seite 180 RETROTOPF: A ist korrekt, denn er stammt **aus Südafrika**

Seite 181 AUFSTIEGSPLATZ: es stimmt C für Spülecke, die **Plonge**

Seite 182 SCHMECKSCHUTZ: es ist C, die **Suomi-Kartoffelknolle**

Seite 183 SCHAUMSCHLÄGER: A, der spanische Inbegriff **espuma**

Seite 184 KAFFEEFEEN: es stimmt B, so ein Könner heißt **Barista**

Seite 185 VERDÜNNISIERT: korrekt ist B, Dünnstes ist **Carpaccio**

Seite 186 SUPPENSTÄDTER: A stimmt, denn so sind sie in **Québec**

Seite 187 NOUVELLEWELLE: C, **Du sollst erfindungsreich sein!**

Seite 188 OSTLUST: es stimmt A, Russen mögen die Bigos aus **Polen**

Seite 189 KÖNIGSPFLICHTEN: A ist korrekt, mit Ei wäre er **trocken**

Seite 190 MUSCHELMASCHE: B, in Portugal ist es die **cataplana**

Seite 191 SCHLEMMERBAUCH: C, man trägt da **einen »michelín«**

Seite 192 ZUCKERTEST: korrekt ist C, das Phänomen ist die **crema**

Seite 193 GRUSELGEMÜSE: nur B ist richtig, nämlich **Frankenfood**

Seite 194 FLEISCHSCHOCK: A stimmt, die **bleeding dish nations**

Seite 195 EIERLÜFTUNG: Es ist C, **ein Quadratzentimeter** Fläche

Seite 196 ZAHLENMAGIE: die Regel ist A, also der Kräuter **sieben**

Seite 197 SEKUNDENKÜCHE: B ist korrekt, baharat passt zu **Lamm**

SEITE 198 NATIONALGESCHMACK: es ist B, also die **Bean Soup**
SEITE 199 LUKULLIENCITY: es stimmt C, das uneinholbare **Paris**

SEITE 200 VERBREZELUNG: richtig ist C, da hilft die **Natronlauge**
SEITE 201 BLANKWAFFE: A gilt, denn schabende Metzger **rapieren**
SEITE 202 UMTAUFE: es stimmt B, snoek erinnerte sie an den **Hecht**
SEITE 203 SUPPENFINESSE: korrekt ist A, das Geheimnis ist **Absinth**
SEITE 204 HONIGBITTERNIS: richtig ist C, eben der **Erdbeerbaum**
SEITE 205 BEWAPPUNG: es stimmt A, das Gerät heißt **Salamander**
SEITE 206 SCHWABENKROKETTEN: korrekt ist B, **Bubenspitzle**
SEITE 207 ALLERLEIDUFT: B, im **weihnachtlichen Plumpudding**
SEITE 208 MENGENLEHRE: korrekt ist C, eben ein **Zwölfer-Menü**
SEITE 209 DURCHSCHLAGSKRAFT: es stimmt A, es ist das **Etamin**
SEITE 210 INNENLEBEN: nur B ist richtig, **wärmeleitendes Glycerin**
SEITE 211 FALTENFÜLLE: es stimmt C, zünftig sind es **genau 100**
SEITE 212 SPONTANGERICHT: es gilt A, **lobster, also Hummer**
SEITE 213 TEUERGERICHT: B stimmt, es waren begehrte **Austern**
SEITE 214 KOPFSACHE: korrekt ist C, es ist ein sog. **Blütengemüse**
SEITE 215 SAFRANGEFAHR: es stimmt B, Safran braucht **Rösten**
SEITE 216 GLOBALBÄLLCHEN: es ist B, die Masse heißt **Kibbeh**
SEITE 217 ZWIEFACHLICH: es ist A, man sagt ja **Epigramm von...**
SEITE 218 AUFGELD: C stimmt, der »Inklusiv-Tip« heißt **autograt**

Seite 219 KLEINKLEIN: korrekt ist C, es war der **Freiherr von Drais**

Seite 220 VOGELFUTTER: es ist A, sie heißen **Leipziger Lerchen**

Seite 221 DREIERLEI: nur C, **Holy Trinity – Heilige Dreieinigkeit**

Seite 222 FESTVERDRÄNGUNG: B gilt, es waren die **Saturnalien**

Seite 223 WÜRZAPOTHEKE: es stimmt C, so wirkt nämlich **Zimt**

Seite 224 ERRÖTUNG: A ist korrekt, **Red cooking, Rot-Schmoren**

Seite 225 KÄSEFICHTEN: A, es hat eine **antibakterielle Wirkung**

Seite 226 SPRÖSSLINGE: richtig ist C, es ist der **Hopfenspargel**

Seite 227 ABGEDREHT: es ist C, die Abschabevorrichtung **Girolle**

Seite 228 WORTERFINNUNG: es ist B, die finnische **Kaffepaussi**

Seite 229 TABULAPALAVER: A stimmt, Heißhunger ist **orexigen(ic)**

Seite 230 HEILIGUNG: es ist B, die **Heilige Martha von Bethanien**

Seite 231 DESSERTSÜNDE: es ist C, heißt **»Turban des Richters«**

Seite 232 FISCHNUDELFORM: C stimmt, **Surimi-Fischfiletmasse**

Seite 233 DÜNNSCHLEMMEN: B, **»Je mange, donc je maigris!«**

Seite 234 ANZIEHUNGSKRAFT: es stimmt A, es sind die **bar-flies**

Seite 235 SCHWUNDSACHE: korrekt ist B, man sagt dazu **Ullage**

Seite 236 NIPPONNIPPEN: C, denn es heißt **mit Wasser gebrochen**

Seite 237 NATURSCHÄRFE: B ist korrekt, das ist die **wilde Kresse**

Seite 238 LITERATURTAFELEI: es ist B, **in den »Buddenbrooks«**

Seite 239 LOKALAROMEN: korrekt ist A, also der Inbegriff **terroir**

Seite 240 NASEWEISE: es stimmt C, es sind ca. **10.000 Gerüche**

Seite 241 POETENETHOS: C ist richtig, das war **Frank Wedekind**

Seite 242 STIMMGEMÜSE: es ist B, **Porrophagus (Lauchfresser)**

Seite 243 BARFUSS: historisch korrekt ist A, so machte man **Pasta**

Seite 244 PEANUTNUTZ: A gilt, es war **Dr. John Harvey Kellogg**

Seite 245 KALTTAUFE: es ist B, der stets knackfrische **Eisbergsalat**

Seite 246 KLISCHEEFRESSER: C, Kohl-Esser als Klischee für **Russe**

Seite 247 HAMMELBAMMEL: es ist A, jene Grenze **bei 40 Grad**

Seite 248 UNVERNASCHBARKEIT: korrekt ist B, die **Artischocke**

Seite 249 VERSCHNIPPELUNG: es stimmt C, das feine **Mirepoix**

Seite 250 BLAULICHTIG: C ist richtig, es hilft dabei **Kaltwasser**

Seite 251 AUSSPERRUNG: es ist B, diese Grenze heißt **Garlic wall**

Seite 252 SCHARFMACHEREI: B, es kam damals zu **Knieschlottern**

Seite 253 GEFIEDERFINESSEN: es stimmt A, es war ja der **Schwan**

Seite 254 PALAVERTRANK: C gilt, Panazee bedeutet **Wundermittel**

Seite 255 TOPFBADESTELLE: es ist B, sie sagen dazu **Double boiler**

Seite 256 BEGEISTERUNGSGLÜHEN: es stimmt A, es war **Punsch**

Seite 257 APFELSCHNITZELEI: B gilt, nämlich die **Bircher-Raffel**

Seite 258 HÄRTETEST: nur C stimmt, die **arktische Winterflunder**

Seite 259 STINKSTANK: es stimmt B, es war das anrüchige **garum**

Seite 260 HEILTRUNK: richtig ist C, der Drink half gegen **Malaria**

Seite 261 PILZLAUTE: es stimmt A, denn leise pfeift der **Pfifferling**

Seite 262 IMPORTEHRE: richtig ist A, es waren die ersten **Kirschen**

Seite 263 NERVENSACHE: es ist C, man sagte dazu **Elefantenlaus**

Seite 264 ANGESCHWITZT: es ist Antwort C, **Blanquette/Blankett**

Seite 265 UNERSÄTTLICHKEIT: es stimmt A, es waren **sechs Pilger**

Seite 266 GALLAPFELGENUSS: A ist korrekt, es sind **Trüffelfliegen**

Seite 267 GEMÜTSNAHRUNG: richtig ist B, nämlich der **Grünkern**

Seite 268 WEICHAUGEN: es stimmt B, denn es sind die **Keimporen**

Seite 269 WASSERPRASSER: korrekt ist C, man nennt ihn **aquabib**

Seite 270 RHOMBUSBISSEN: es stimmt A und ehrte den **Steinbutt**

Seite 271 VERBINDLICHKEITEN: es ist B und nennt sich **Liaison**

Seite 272 GEBEUTELT: es war C, Beutels Beigeschmack von **Seide**

Seite 273 KOKELKRAM: der Trick ist A, vorher **in Wasser einlegen**

Seite 274 BORDERLINE: korrekt ist B, ein **Cappuccino vom Fasan**

Seite 275 SÜSSSÄUERLICHES:es ist C, der Anteil von **Sauerkraut**

Seite 276 JAHRESAUFTAKT: es ist A, der Weinmonat **vendémiaire**

Seite 277 GAUMENZUMUTUNG: B gilt, **das Wiener Schnitzel**

Seite 278 TAUCHGANG: es ist C, das lautmalerische **Shabu-Shabu**

Seite 279 KNUSPERVESPER: es ist B, **carta da musica (Notenblatt)**

Seite 280 ABZUGSTRICK: es funktioniert wie B, durch den **Kamin**

Seite 281 NOMENKLADDERATUR: richtig ist nur A, **völlig falsch**

Seite 282 SCHLARAFFINESSEN: es ist C, man sagt dazu **Automaton**

Seite 283 UNTERLIPPENRANDVOLL: C, Lob galt dem »**Ich bin sitt**«

Seite 284 PARADIESVISION: es ist A, er nannte sie **Paradiesfeige**

Seite 285 RÜHRSEELSORGE: es ist B und heißt **Stir-up-Sunday**

Seite 286 TROTZLOCH: es ist C, für **eine bessere Durchgarung**

Seite 287 LEIDENSDRUCK: richtig ist B, geschuldet den **Eiweißen**

Seite 288 PARTYBRANNT: es gilt A, nämlich streng bei **null Litern**

Seite 289 KRAKENDUFT: es ist B, der unüberriechbare **Moschus**

Seite 290 HERBBEEREN: es stimmt B, die sogenannte **Chinasäure**

Seite 291 WÜRZTRÄNEN: es ist C, die Monopol-Insel heißt **Chios**

Seite 292 BLECHSTÄRKE: es ist C, man griff zum sog. **Wagenheber**

Seite 293 WÖRTHERSEEWORT: es ist B, also der regionale **Waller**

Seite 294 KÜRBISNEUHEIT: es ist A, man sagte damals **Courgette**

Seite 295 BORDSCHWEINEREI: C gilt, es war giftiger **Fugufisch**

Seite 296 APFELAMOR: es ist B, auf Neulatein eben **lycopersicum**

Seite 297 SÄBELHIEBELIEBE: B gilt, es waren **Napoleons Offiziere**

Seite 298 WÜRZWIRKUNG: richtig ist C, es heißt **Kwok's disease**

Seite 299 WORTSCHÖPFUNG: es ist A, das beliebte **Pique-nique**

Seite 300 AZTEKENKAKTUS: es stimmt B, es sind die **Pitahayas**

Seite 301 WURZELOBST: es ist A, die Knollen heißen **Topinambur**

Seite 302 CHINANATURELL: es gilt A, wir seien Laien bei **Hitze**

Seite 303 EXOTENBOLLE: richtig ist C, jenes Ding heißt **Plátano**

Seite 304 VERDECKSPIEL: es ist B, die Profis sagen dazu **maskieren**

Seite 305 KERNGEWICHTIG: es ist A, eben **Johannisbrotbaum**

Seite 306 KNOLLOLOGIE: es stimmt C, sie sind **nicht verwandt**

Seite 307 RÜHRSELIGKEIT: es gilt A, verrührt werden **10.000 Eier**

Seite 308 KNOCHENKRONE: es stimmt B, so etwas wird **pariert**

Seite 309 RESTEVERWERTER: es gilt C, meint **Porto-Portugiesen**

Seite 310 KORREKTSCHLEMMER: A, **horizontal herausgefordert**

Seite 311 UNVERBITTERT: der Trick ist B, ein Stückchen **Weißbrot**

Seite 312 HERDHASSER: C, **OAMC (Once A Month Cooking)**

Seite 313 BRATENSCHUTZ: es ist A, geschütztes **poulet de Bresse**

Seite 314 SCHNEIDEREI: richtig ist B, die dekorative **Chiffonade**

Seite 315 TAPALAPAPP: es stimmt C, »coca« sieht aus **wie Pizza**

Seite 316 GIFTWURZ: richtig ist A, Killer ist das giftige **Cyanid**

Seite 317 SPASSPRODUKT: es ist A, **poisson d'avril – Aprilfisch**

Seite 318 PFEFFERWORT: es ist B, Curry hieß mal **Ragoutpulver**

Seite 319 RUNDSÜSSE: es ist C, die Angaben erfolgen in **Grad Brix**

Seite 320 AUSATMEN: richtig ist B, die knofelleichtere **Rocambole**

Seite 321 HELLASMONOPOL: es ist A, »Feta« heißt bloß **Schnitte**

Seite 322 ANTIPODENFRÜHSTÜCK: es heißt wie C, also **brekko**

Seite 323 FASTOFUDO: B ist richtig, japanisch **Makudonarudo**

Seite 324 EIERTANZ: es stimmt C, man ordert nur »**Adam and Eve**«

Seite 325 TRAUERTRUNK: A, der **Black Velvet (Schwarzer Samt)**

Seite 326 EIERFREUDEN: es stimmt A, der **»Kuchen der Freude«**

Seite 327 PAUSENLOS: es sei stets B, also die gehörige Genuss-**Zeit**

Seite 328 HIRNEIER: richtig ist A, es ist jenes **Rührei à la Lesseps**

Seite 329 ÜBERREIFE: es kommt von C, es provoziert das **Ethylen**

Seite 330 SCHMUGGELGUT: es ist B, Jamaika exportierte **Ingwer**

Seite 331 ZUGRIFF: es ist B, Luther mochte noch keine **Gäbelchen**

Seite 332 RAUBHUHN: C stimmt, der Name kam vom **Schlachtort**

Seite 333 EIERSTOLZ: es gilt B, denn wichtig ist das **Hennenalter**

Seite 334 WEINWIRKUNG: es ist A, der so angesagte Name **Pinot**

Seite 335 BEFINGERFOOD: richtig ist B, Orwell erlitt dies in **Paris**

Seite 336 OPSOPOLEMIK: es gilt C, so fachsimpelte schon **Platon**

Seite 337 PIZZABOOM: es ist C, zur Massenzutat wurde **Oregano**

Seite 338 KLAPPGUT: richtig ist B, die »Eselchen« sind die **burritos**

Seite 339 ZWIEBACKTRICK: es stimmt A und heißt gebildet **Bisque**

Seite 340 BOMBENERFOLG: es ist B, die schön gewölbte **Charlotte**

Seite 341 MITTELDING: es heißt so falsch C, **»nach Königin-Art«**

Seite 342 MAGENREKORDE: es stimmt B, es sind die **Gurgitatoren**

Seite 343 TOMATENREKORDE: B ist richtig, es ist ja längst **China**

Seite 344 WANZWÜRZE: es stimmt A, Korianderlust hatte **Portugal**

Seite 345 SCHNALZFALL: es ist C, es wurde zum **appetizing store**

Seite 346 NATIONALSAUER: es ist A, die Nationalsuppe **Schtschi**

Seite 347 SCHNIPOSAPROBLEM: A gilt, für **einen Imbiss um vier**

Seite 348 GUMMIGUMBOS: es stimmt B, man kauft sie als **Okras**

Seite 349 GESCHMACKSCHEMIE: es ist C, fachlich **osmazôme**

SEITE 350 SCHINKENCHIC: es stimmt C, jenes Stück heißt **Bikini**

SEITE 351 NIMPTOPSICALITY: es ist A, es war **Benjamin Franklin**

SEITE 352 AMERIKANISIERUNG: es ist und bleibt B, eine **Eisbombe**

SEITE 353 NAGELKOST: richtig ist nur A, nämlich **Bibendum + Bib**

SEITE 354 WÜRZIMPORTGEMÜSE: es ist B, da blühen **Schalotten**

SEITE 355 GEGENDRUCKVOLL: C stimmt, man nennt sie **Agraffe**

SEITE 356 KALTLÄCHELND: es ist B, Barkeeper sagen **frappieren**

SEITE 357 AZTEKENSCHAUM: es ist C, der Rührklöppel **Molinillo**

SEITE 358 GLÜCKSREISPECH: A, also **auf den japanischen Inseln**

SEITE 359 VERKRÜMELUNGEN: es ist B, man sagt dazu **mitonner**

SEITE 360 ERSATZSÄUREHALTIG: C, übersetzt heißt es **grüner Saft**

SEITE 361 SUPPENFAMILIENBANDE: B gilt, es sind **Sauces mères**

SEITE 362 KAKAOBLUTRÖTE: C ist richtig, es war das **Bitterwasser**

SEITE 363 EINHANDESSKULTUR: hier stimmt A, es heißt **Mansaf**

SEITE 364 MÄTRESSENTÄSSCHEN: B gilt, exakt **16 Gemüsesorten**

SEITE 365 SPASSINNERLICHKEIT: es ist A, es heißt fröhlich **Farce**

SEITE 366 EISKALTLÄCHELND: C, die Bouillon wäre **konzentriert**

SEITE 367 REISERSATZ: es stimmt C, es ist jener vielseitige **Bulgur**

SEITE 368 KARNICKELERSATZBROT: B, **Rarebits à la Vanderbilt**

SEITE 369 DÄMPFSCHWANZGENUSS: es stimmt A, es war **Stufato**

Bildnachweis

Titel-Illustration:
Jules Stauber

Dank für die Reproduktionsgenehmigungen und freundliche Unterstützung geht an:

Agentur Hogh, Köln 155 • B.I.V.B. 334 • Bacardi GmbH 62, 260 • Bayern Tourismus Marketing GmbH 176, 200, 223, 226 • www.biolib.de (Kurt Stüber) 320 • blomus Scheffler-Klute GmbH 39 • BORCO Markenimport 87 • Branchenverband Vacherin-Mont-d'Or 225 • Brasserie d'Orval 18 • C.I.V.P. 339 • www.britainonview.com 285, 138, 368 • Campari Deutschland 248 • Canadian Tourism Commission 186, 193, 198, 213 • Deutsches Teebüro 127, 173, 178 • www. dresden.de (Christoph Münch) 189 • El Bullihotel / www.elbulli.com 183 • ENIT 24 (alexala), 84 (ATL Lanche e Roero), 279 (ESIT) • Finnish Tourist Board's Imagebank 15 (Tim Bird), 21 + 228 (Luk Thys, Foodphoto) • Gebr. Märklin & Cie GmbH 245 • GEFU Küchenboss GmbH & Co. KG 209, 219 • Hessen Touristik Service e.V. 196 • Icep Portugal 190 (Nuno Calvet), 218 (Nuno Correia – Lagrimas Hotels&Emotions), 273 (Jose Manuel), 309 + 344 (Foto Antonio Sacchetti) • illycaffè 184, 192 • Informationsbüro Jordanien 363 • Informationsbüro Valdepeñas 239, 276 • Infozentrum Schokolade 357, 362 • Internationale Fruchtimport Gesellschaft Weichert & Co. KG 19, 65, 94, 109, 214, 294, 300, 301, 305, 311, 316, 348 • Interprofession Tête de Moine 227 • JNTO 22 (Okinawa Convention & Visitors Bureau), 354 (Fukui Prefectural Tourism Federation), 358 • Lutz Jahrmarkt 7, 10, 13, 16, 244, 258, 275, 303 • Käse aus Frankreich 68, 74 • Nicola Kossel 165 • E. M. Lang 242 • Le Gruyère AOC 163 • Leipzig Tourist Service e.V. LTS-Schmidt 220 • L'italiano Roncadin GmbH 210 • Maggi Kochstudio 170 • P.-A. Massotte 307 • Lurch AG, Hildesheim 205 • MaxXium Deutschland GmbH 17, 356, 360 • MENU A/S (www.menu.as) 66 • MICHELIN 14, 199, 353 • Moët Hennessy Deutschland 41, 235 • Dr. Olaf Müller-Soppart 288 • Norwegian Seafood Export Council 30, 46, 58, 73, 264 (Alf Børjesson), 27, 81 (Eksportutvalget for fisk), 8, 55, 270 (Eiliv Leren), 77, 224, 281 (Bengt Wilson) • Polnisches Fremdenverkehrsamt 208 • Rheingau Gourmet-Festival 158 • Robert Mondavi Deutschland 154 • San Francisco Convention & Visitors Bureau Photo 298 • Sopexa 313, 341 • South African Tourism 180, 202 • »Spain Gourmetour«, ICEX 113 (T. Arrieta), 159 (A. de Benito), 232 (J. M. Sanz) • Spanisches Generalkonsulat (Handelsabteilung), Düsseldorf 160, 315, 350 • Spring Switzerland GmbH 90, 271 • Starbucks Coffee Deutschland GmbH 28 • Jules Stauber 20, 161, 187, 233, 261 • Suntory 236 • Switzerland Tourism (www. swiss-image. com) 169, 347 • Tuborg Vertriebsgesellschaft mbH 283 • VEMAG AG, Köln 35, 36, 49, 53, 92, 95, 97-99, 101-103, 105, 107, 108, 110-112, 114-121, 123, 125, 129-130, 133-135, 137, 139, 141-143, 145, 146, 150-151, 153, 166, 174, 175, 185, 195, 197, 206, 207, 215, 216, 231, 250, 268, 274, 290, 293, 304, 306, 314, 318, 323, 328, 340, 365, 367 • Verband Deutscher Sektkellereien (VDS) 57 (Faber), 355 • WKC Stahl- und Metallwarenfabrik Hans Kolping GmbH & Co KG, Solingen 297 • WMF AG, Geislingen (Steige) 85, 164, 177 • zassenhaus international 156 • Zwiesel Kristallglas AG 88

Alle Bilder ohne Seitennachweis: Archiv des Redaktionsbüros Udo Pini, Hamburg.

Autor und Verlag haben sich bemüht, alle Inhaber von Abbildungsrechten ausfindig zu machen. Hier ungenannte Personen bzw. Institutionen, die Bildrechte beanspruchen, werden freundlich gebeten, sich mit dem Verlag in Verbindung zu setzen.